Dr. med. Ulrike Anderssen-Reuster (Text)
Effi Mora (Illustrationen)

Wie Bindung gut gelingt

W0393799

Dr. med. Ulrike Anderssen-Reuster (Text)
Effi Mora (Illustrationen)

Wie Bindung gut gelingt

Was Eltern wissen sollten

Mit Geleitworten von Heike Heubner-Christa
und Claus Lippmann

Mit 49 Illustrationen und 9 Audiodateien zum Download

Schattauer

Dr. med. Ulrike Anderssen-Reuster
Städtisches Krankenhaus Dresden-Neustadt
Klinik für Psychosomatik und Psychotherapie
Heinrich-Cotta-Straße 12
01324 Dresden
E-Mail: ulrike.anderssen-reuster@khdn.de

Effi Mora
www.effimora.com
E-Mail: effi-briest@hotmail.de

Ihre Meinung zu diesem Werk ist uns wichtig!
Wir freuen uns auf Ihr Feedback unter
www.schattauer.de/feedback oder direkt über QR-Code.

Bibliografische Information der Deutschen Nationalbibliothek
Die Deutsche Nationalbibliothek verzeichnet diese Publikation in der Deutschen Nationalbibliografie; detaillierte bibliografische Daten sind im Internet über http://dnb.d-nb.de abrufbar.

Besonderer Hinweis:
Die Medizin unterliegt einem fortwährenden Entwicklungsprozess, sodass alle Angaben, insbesondere zu diagnostischen und therapeutischen Verfahren, immer nur dem Wissensstand zum Zeitpunkt der Drucklegung des Buches entsprechen können.
In diesem Buch sind eingetragene Warenzeichen (geschützte Warennamen) nicht besonders kenntlich gemacht. Es kann also aus dem Fehlen eines entsprechenden Hinweises nicht geschlossen werden, dass es sich um einen freien Warennamen handelt.
Das Werk mit allen seinen Teilen ist urheberrechtlich geschützt. Jede Verwertung außerhalb der Bestimmungen des Urheberrechtsgesetzes ist ohne schriftliche Zustimmung des Verlages unzulässig und strafbar. Kein Teil des Werkes darf in irgendeiner Form ohne schriftliche Genehmigung des Verlages reproduziert werden.

© 2015 by Schattauer GmbH, Hölderlinstraße 3, 70174 Stuttgart, Germany
E-Mail: info@schattauer.de
Internet: www.schattauer.de
Printed in Germany

Projektleitung: Ruth Becker
Lektorat: Anne Bleick, Stuttgart
Umschlagabbildung: © time, www.photocase.com
Satz: Fotosatz Buck, Zweikirchener Str. 7, 84036 Kumhausen/Hachelstuhl
Druck und Einband: Mayr Miesbach GmbH, Druck · Medien · Verlag, 83714 Miesbach

Auch als E-Book erhältlich: ISBN 978-3-7945-6911-3

ISBN 978-3-7945-3099-1

Geleitworte

Frau Dr. Ulrike Anderssen-Reuster hat den Dresdner Kinderschutzbund über viele Jahre als Vorstandsmitglied begleitet. Ihre beeindruckende Fachkompetenz im Einklang mit menschlicher Wärme und Wertschätzung von kindlicher Entwicklungsfreude und elterlicher Erziehungskompetenz – besonders in Situationen, in denen auf den ersten Blick vieles schwierig erscheint – hat unsere Arbeit im Kinderschutzbund nachhaltig geprägt. Dieses Buch ist eine Ermutigung für Eltern und andere an der Erziehung eines Kindes beteiligte Menschen. Es ist ein Plädoyer für einen achtsameren Umgang mit sich selbst und mit dem Kind im Alltag. Es beantwortet viele bewusste und unbewusste Fragen und Sorgen von Eltern und vermittelt auf ganz wunderbare Weise Achtsamkeitsübungen für „zwischendurch".

Das Buch begleitet Eltern von der Schwangerschaft bis in die ersten Kindheitsjahre und nimmt dabei, scheinbar ganz nebenbei, auch das Thema Partnerschaft mit in den Blick. Theoretisches Wissen wird anhand beispielhafter Geschichten aus dem Kleinkindalltag erlebbar und verstehbar gemacht. Kritische Erziehungs- und Bindungssituationen erhalten durch die liebevoll gestalteten Zeichnungen einen unaufdringlichen Appell.

Wir als Kinderschutzbund finden uns an ganz vielen Stellen dieses Buches mit unseren Grundüberzeugungen und wesentlichen Handlungsprinzipien wieder. Wir empfehlen dieses Buch daher allen an einer gelingenden Beziehungsgestaltung interessierten Menschen.

Heike Heubner-Christa
Geschäftsführerin
Deutscher Kinderschutzbund OV Dresden e.V.

Das Leben mit Kindern ist fantastisch, spannend, die wichtigste Erfahrung im Leben überhaupt, eine unbedingte Bereicherung. Das hören wir oft. Doch das Leben mit Kindern ist auch herausfordernd, zuweilen anstrengend, hektisch und manchmal nervenaufreibend.

Erziehungsaufgaben in unserer heutigen Gesellschaft sind vielfältig. Die große Mehrheit der Eltern meistert die steigenden Herausforderungen des

Alltags mit Kindern hervorragend, mit Fürsorge und Verständnis für die Bedürfnisse ihrer Kinder. Doch nicht immer sind die Bedingungen dafür ideal. Es gibt zahlreiche Gründe, warum es zu Gefährdungen des Kindeswohls kommen kann. Zeitweise oder dauerhafte Überforderungssituationen der Eltern, bedingt durch fehlende Unterstützung, Krankheit oder Behinderung eines Elternteils oder eines Kindes, hohe berufliche Belastung, finanzielle Notlagen, soziale Isolation, Perspektivlosigkeit, Suchtprobleme, psychische Erkrankung, familiäre Konflikte und negative Erfahrungen in der eigenen Kindheit können zu Gefährdungen für Kinder werden und zu andauernden Krisen im familiären Leben führen.
In der Regel brauchen diese Familien, sowohl die Eltern als auch die Kinder, geeignete Hilfen und Unterstützung. Dieses Buch ist ein erster Schritt in diese Richtung: Mit einer gesunden Eltern-Kind-Bindung lässt sich manche Krise besser überstehen. Deshalb ist es so wichtig, dass die Beziehung zwischen Mutter/Vater und Kind von Beginn an gefördert wird. Die Autorin Dr. Ulrike Anderssen-Reuster zeigt auf, wie dies gelingt und wie Eltern ihre intuitive Kompetenz einsetzen und achtsam auf die Bedürfnisse ihrer Kinder eingehen können. Sie gibt vielfältige Tipps für die unterschiedlichsten Lebenslagen, von kindlichen Regulationsstörungen bis hin zu ernsthaften psychischen Problemen der Eltern. Und sie weist auch darauf hin, dass sich niemand davor scheuen sollte, rechtzeitig Hilfe und Unterstützung zu suchen, bevor die Probleme drohen, einem über den Kopf zu wachsen.
Hier kommen wir, die Jugendämter, ins Spiel. Wir unterstützen und beraten Kinder, Jugendliche und Eltern bei Problemen in der Familie, bei der Erziehung, bei Trennung und Scheidung und bei sozialen Schwierigkeiten. Darüber hinaus gibt es eine Menge weiterer Hilfen, die sich speziell an werdende Eltern und/oder Eltern mit Kleinkindern wenden.
Seit 2012 gibt es in diesen Netzwerken auch besondere Hilfen durch Familienhebammen und/oder Familienkinderkrankenschwestern. Diese können Familien bis zum ersten Lebensjahr des Kindes begleiten und unterstützen bei Fragen rund um die Entwicklung und Ernährung des Kindes und helfen beim Aufbau einer stabilen Bindung. Eine Reihe weiterer Hilfen, die junge Eltern im Alltag entlasten, finden sich in Ihren Regionen.

Wir möchten in das vorliegende Buch ans Herz legen. Hier erhalten Sie wichtige Hinweise, wie Sie aufmerksam eigene Verhaltensweisen kritisch überprüfen und zu einer positiven Mutter-/Vater-Kind-Bindung finden. Dies ist der erste Schritt zur gesunden seelischen, emotionalen und körperlichen Entwicklung von Kindern. Denn in erster Linie sind die Eltern die Garanten für die Gesundheit ihrer Kinder. Erziehungsverantwortung zu übernehmen ist das natürliche Recht der Eltern und die zuvörderst ihnen obliegende Pflicht. So steht es im Grundgesetz (Artikel 6). Dabei unterstützen wir sie.

Claus Lippmann
Leiter der Verwaltung des Jugendamtes Dresden

Vorwort

Das folgende Buch ist für Mütter und Väter mit kleinen Kindern und werdende Eltern geschrieben, die nicht aus einer perfekten, heilen Welt kommen und die manches erlebt haben, das nicht ideal war. Es ist für Eltern, die spüren, dass der Umgang mit ihrem Kind sie immer wieder an den Rand ihrer Kraft, ihrer Geduld und ihrer Möglichkeiten bringt. Es ist für Mütter und Väter gedacht, die unter Umständen selbst schwierige eigene Beziehungs- und Bindungserfahrungen erlebt haben und die mit ihren eigenen Kindern manches besser machen wollen.

Doch im Grunde ist dieser Ratgeber für *alle* Eltern hilfreich. Denn die Bindungserfahrungen, die Ihr Kind in seinen ersten Lebensjahren macht, sind fundamental. Diese Erfahrungen prägen sein gesamtes Leben und werden seine eigenen Beziehungserfahrungen beeinflussen. Grund genug, um sich damit zu beschäftigen, wie Bindung gut gelingt.

Das Buch richtet sich aber auch an alle Helfer, die auf den Plan treten, wenn die Mutter oder der Vater durch psychische Belastungen oder Erkrankungen an die eigenen Grenzen kommen und die Zuwendung zum Kind beeinträchtigt ist. Das können beispielsweise Psychologen, Sozialarbeiter, Erzieher, Familienhelfer, Betreuer und Mitarbeiter der Jugendhilfe oder auch Ärzte sein. Im Gespräch mit Klienten oder Patienten kann dieses Buch dazu dienen, psychische Zusammenhänge und Beeinträchtigungen zu veranschaulichen, wozu neben der leicht verständlichen Sprache vor allem auch die eingängigen Bilder geeignet sind.

Dieser Ratgeber entstand im Rahmen der täglichen Arbeit an der Klinik für Psychosomatik und Psychotherapie des Städtischen Krankenhauses Dresden-Neustadt. Dort besteht seit einigen Jahren eine Psychotherapeutische Elternambulanz, welche Eltern mit Bindungs- und Beziehungsstörungen in Bezug auf ihre Kinder psychotherapeutisch behandelt. Diese Ambulanz kooperiert eng mit dem Jugendamt der Stadt Dresden und anderen Einrichtungen im Raum, denen gleichfalls an der Förderung einer guten Eltern-Kind-Bindung gelegen ist.

Bebildert und grafisch gestaltet wurde das Buch von Effi Mora, die es in einfühlsamer und humorvoller Weise verstanden hat, die verschiedenen

Ebenen der Eltern-Kind-Beziehung darzustellen: Denn unsere Erwartungen, Fantasien und Erinnerungen beeinflussen immer mit, wie wir uns unserem Kind gegenüber verhalten und wie wir es wahrnehmen.

Die Eltern-Kind-Beziehung wird von einer Fülle von Erfahrungen und Erinnerungen aus der eigenen Kindheit mitbestimmt. Wenn es möglich ist, sich dies bewusst zu machen, so können Sie sich selbst und Ihr Kind besser verstehen. Sie gewinnen die Freiheit, alte Muster zu verändern und die eigenen Kinder mit mehr Offenheit und Achtsamkeit zu sehen. Sie lernen typische Probleme, die grundlegenden Bindungstypen und verschiedene Lösungsstrategien kennen, die sich in der Praxis bewährt haben.

Am Ende jedes Kapitels finden Sie eine Achtsamkeitsübung, die dazu verhelfen kann, Ihr Stressniveau zu reduzieren und sich selbst sowie das eigene Kind besser wahrzunehmen. Um mit seinem Kind gut und entspannt umzugehen, muss man auch mit sich selbst gut und entspannt umgehen können. Die Achtsamkeitsübungen können dazu beitragen, einen ausgeglichenen inneren Gemütszustand zu entwickeln. Sie bieten somit eine wirksame Hilfe zur Selbsthilfe.

Dresden, im Frühjahr 2015

Dr. Ulrike Anderssen-Reuster

Inhalt

Die Audiodateien zu den Achtsamkeitsübungen

Folgende Achtsamkeitsübungen aus dem Buch finden Sie auch als Audiodateien zum Download unter www.schattauer.de/3099.html:

Sprecher: Daniel Wandelt
Produktion: audiobook-hoerbuch-produktion.de

1 Schwangerschaft

Frohes Erwarten

Die Zeit der Schwangerschaft wird oft als die „Zeit der frohen Erwartung" bezeichnet, die Frau ist „guter Hoffnung" oder „gesegneten Leibes". Diese Begriffe vermitteln, welche Erwartungen und Hoffnungen mit der Zeit der Schwangerschaft einhergehen. Mit dem zu erwartenden Kind ist meist die Freude verbunden, dass das Leben weitergeht, dass man als Paar fruchtbar ist und gemeinsam etwas Lebendiges schaffen kann, dass man Eltern wird und Verantwortung tragen kann.

Früher kamen die Kinder meist ungeplant und waren Teil des Lebens. Es war selbstverständlich, dass man Kinder bekam, wenn man sich liebte: „Making Love makes Babys." Manchmal kamen mehr Kinder als erwünscht und man musste schauen, wie man die Kinderschar durchbrachte und die hungrigen Mäuler stopfte. Heute liegt die Geburtenrate in Deutschland bei 1,3 Kindern pro Frau und geht immer weiter zurück. Dafür gibt es mancherlei Gründe: Kinder sind teuer, sie sind anstrengend, sie kontrollieren plötzlich das eigene Leben und sie stören überall: in der Straßenbahn, in der Kneipe, bei Freunden und vor allem dann, wenn man mal schlafen will und dringend seine Ruhe braucht. In einer Gesellschaft, die nicht wirklich kinderfreundlich ist, erscheinen

Sandra freut sich auf das Baby.

Kinder oft als Störenfriede, die sich nicht überall reibungslos anpassen und einfügen.
Und doch: Wenn Menschen davon berichten, was ihnen im Leben am wichtigsten ist und am meisten bedeutet, so sind es meistens die Kinder. Kinder können glücklich machen, dem Leben Sinn verleihen, einen an die eigene Kindheit erinnern und damit diese lebendiger werden lassen. Mit Kindern entdeckt man die Welt neu: die Schnecke, den Schnee, das Laufenlernen, Sprechenlernen, Denkenlernen. Die verschiedenen Reifungsprozesse der Kinder helfen dabei, die Entwicklung eines menschlichen Wesens besser kennen zu lernen und dabei auch sich selbst besser zu verstehen.
Zudem fördert ein Kind viele gute Eigenschaften in uns. Unser biologisch angelegtes Fürsorgesystem sorgt dafür, dass wir über uns hinauswachsen und dem kleinen Baby unendlich viel Zeit, Kraft und Geduld zur Verfügung stellen. Es geht uns dann nicht mehr nur um das eigene Wohlbefinden und das eigene Wollen, sondern um das des Kindes und das der Familie. Wenn die Dinge gut laufen, kann eine Erweiterung des Bezugsrahmens stattfinden und die jungen Eltern entwickeln sich zu verantwortungsvollen, reifen Erwachsenen, die das Wohl der nächsten Generation im Auge haben.

Was aber, wenn die Dinge nicht ganz so gut laufen?

Was ist, wenn das Kind ungeplant, die Partnerschaft nicht so stabil, man selbst noch sehr jung oder psychisch belastet ist? In solchen Situationen kann die Schwangerschaft schwierig und überfordernd sein. Es kann dann zu Stressreaktionen kommen, die sowohl das Kind, als auch die Mutter schädigen können. Es besteht die reale Gefahr, dass es bei massivem Stresserleben der Schwangeren häufiger zu Frühgeburten, aber auch zu Mangelentwicklungen des Babys im Bauch mit möglichen Organschäden kommen kann. Die Mutter kann unter Stressbedingungen krankheitsanfälliger werden – sowohl in Bezug auf körperliche als auch seelische Erkrankungen.

Das Paar

Nichts verändert das Leben eines Paares stärker als ein Kind. Ohne Kinder ist vieles noch offen. Man muss sich noch nicht festlegen, kann ausprobieren, ob man wirklich zueinander passt und vielleicht hält man sich auch die Möglichkeit offen, nach anderen Partnern zu suchen, andere Lebensinhalte wie z. B. den Beruf stärker in den Mittelpunkt zu stellen oder eigenen Interessen wie z. B. Hobbys, Reisen, Partys nachzugehen.
In der Paarbeziehung ist man zu zweit. Eine intime Nähe kann entstehen, die es nur in einer Zweierbeziehung geben kann. Eine solche Nähe kann symbiotische Züge aufweisen – man stellt sich ganz aufeinander ein, lebt im seelischen Gleichklang und versteht sich manchmal sogar als Einheit. Diese traute Zweisamkeit wird durch ein Baby mit Sicherheit gestört. Dieses beansprucht nun die volle Aufmerksamkeit und Zuwendung.

! Aus der Zweierbeziehung wird eine Dreierbeziehung, und Dreierbeziehungen sind oft kompliziert.

Eine Schwangerschaft fordert ein Paar auch in Hinblick auf die eigenen Vorstellungen vom Leben heraus. Wollen wir das Kind wirklich? Wollen wir es beide oder ist einer der beiden Partner nicht wirklich einverstanden? Sind wir bereit, die Verantwortung für ein kleines Kind zu übernehmen und eigene Wünsche und Bedürfnisse zurückzustellen? Ist es möglich, über diese Fragen, Zweifel und vielleicht auch Sorgen miteinander zu sprechen? Darf man unterschiedliche Meinungen haben und Konflikte ansprechen oder gefährdet das die Partnerschaft? Sind wir in der Lage, Spannungen und Zweifel auszuhalten, oder gibt es zu viele Missverständnisse, Vorwürfe und Unklarheiten? Ist es unter Umständen besser, das Baby nicht zu bekommen oder es nicht zu behalten?

Die Schwangerschaft verändert den Körper

Im ersten Schwangerschaftsdrittel ist die werdende Mutter oft sehr müde und leidet unter Kreislaufschwäche oder morgendlicher Übelkeit. Im zweiten Schwangerschaftsdrittel wird der Bauch deutlich dicker, manchmal ist es nicht nur der Bauch, sondern der ganze Körper; und zudem treten oft unschöne Schwangerschaftsstreifen oder Krampfadern auf; es kann auch zu Blasenschwäche und Rückenschmerzen kommen; die Freude am Sex lässt – sowohl bei Männern als auch Frauen – häufig nach. Am Ende der Schwangerschaft kann sich eine Frau richtig beeinträchtigt fühlen. Sie kann nicht mehr auf dem Rücken schlafen, der Bauch wird immer schwerer und drückt ständig; es ist belastend, ständig 10–12 Kilo mehr herumzuschleppen. Diese äußeren Veränderungen sind nicht nur körperlich gewöhnungsbedürftig, sondern auch psychisch schwierig. In welche Richtung geht dieser Prozess? Verliere ich meine weibliche Attraktivität? Wie findet der Partner diesen veränderten Körper? Schäme ich mich oder kann ich als Frau oder Mann stolz auf den Babybauch sein? Bin ich vielleicht beides: mal stolz und mal unsicher?

! Es ist in einer Beziehung wichtig, über die eigenen Empfindungen, Zweifel und Fragen sprechen zu können und die Perspektive des anderen mit Interesse anzuhören.

Mögliche Belastungen und Zweifel

In der Schwangerschaft muss sich die werdende Mutter immer mehr den Bedürfnissen des Kindes anpassen und eigene Wünsche zurückstellen.

! Nikotin, Alkohol und Drogen sind tabu.

Das ist für manche junge Frauen nicht so einfach, da sie oft gerne feiern und mit Alkohol oder auch Drogen Abstand von belastenden Gedanken und Gefühlen herstellen. Der Verzicht auf solche Gewohnheiten fällt manchmal schwer. Es ist nicht immer leicht, Eigeninteressen zugunsten des Wohlbefindens eines Kindes zurückzustellen.

Für den werdenden Vater ist die Schwangerschaft oft auch belastend. Der veränderte Körper der Frau oder Freundin wird als fremd empfunden. Die Partnerin kümmert sich innerlich oft mehr um das zu erwartende Baby als um die Sorgen des Freundes oder Mannes. Der fühlt sich dann manchmal nicht mehr so geliebt oder wichtig wie früher und wird unsicher, frustriert und bekümmert. Wenn er über seine Sorgen oder Empfindungen nicht sprechen kann oder nicht sprechen soll, dann kann das in der Partnerschaftsbeziehung zur Entfremdung führen und es dem jungen Vater schwer machen, sich auf sein Kind zu freuen.
Es ist wichtig für ein Paar, über diese Frage sprechen zu können, damit die Schwangerschaft als eine Erweiterung ihrer Beziehung erlebt werden kann. Damit es eine Zeit sein kann, in welcher sie sich gemeinsam auf ihre Elternschaft vorbereiten. Es geht darum, ein „Nest zu bauen" und die Voraussetzungen dafür zu schaffen, dass die Mutter sich nach der Geburt dem Kind widmen kann und der Vater im Rahmen seiner Möglichkeiten unterstützt und hilft.

Das Wunschkind

Sandra und Thorsten werden Eltern

Sandra (29 J.) und Thorsten (32 J.) sind schon seit fünf Jahren ein Paar. Sie ist Physiotherapeutin, er Bankkaufmann. Sie verdienen nicht schlecht, wohnen in einer 3-Zimmer-Wohnung in einem schönen Stadtteil. Das Paar reist gerne nach Griechenland und in die Türkei, wo Thorsten archäologisch interessante Orte besichtigt und Sandra am Strand relaxt, durch fremde Städte bummelt und shoppen geht.
Vor zwei Jahren war Sandra bereits einmal schwanger, was damals zu manchen Konflikten geführt hatte, da Thorsten innerlich „noch nicht so weit" war. Als sie das Kind in der 22. Schwangerschaftswoche verlor, war sie sehr betrübt und hat einige Monate damit verbracht, um das totgeborene Baby zu trauern.
Obwohl Thorsten ihr zur Seite stand und sie unterstützte, war er insgeheim etwas erleichtert. Irgendwie hatte ihm das Kind Angst gemacht

und er war sich unsicher, ob er mit einem Kind klarkommen würde. Er befürchtete, dass seine Ruhe vorbei sein würde, wenn sich „alles nur noch um das Baby dreht". Außerdem hatte er Angst, dass er vielleicht kein so guter Vater werden würde. Er kam mit Kindern nicht besonders gut zurecht, sie waren ihm oft zu laut und fordernd und unvernünftig. Erst als es den beiden gelang, über ihre jeweiligen Befürchtungen zu sprechen und als sie nach und nach ein Verständnis für die Bedürfnisse und Wünsche des anderen entwickelten, konnten sie mit mehr Verständnis füreinander aufbringen und über eine neue Schwangerschaft nachdenken. Sie verstanden auch, dass jeder irgendwie ein anderes Kind im Kopf hatte und dass die Sorgen, die sich darum rankten, mit einem realen Kind nicht so viel zu tun hatten. Sandra wollte ihrem Partner seine Interessen überhaupt nicht verbieten, und er verstand, dass sie sich aus tiefstem Herzen ein Kind und ihn als Vater dazu wünschte. Mit diesem neuen Verständnis gelang es ihnen, ein Kind nicht als Bedrohung ihrer Partnerschaft zu verstehen, sondern als eine Möglichkeit, miteinander zu wachsen, neue Erfahrungen zu machen und dabei in Freiheit verbunden zu sein. Mit dieser neuen Basis fühlten sich beide wohler. Als Anna-Lena geboren wurde, war Sandra sehr glücklich. Thorsten entwickelte langsam so etwas wie Vaterstolz, obwohl er sich immer noch etwas distanziert und unsicher in Bezug auf das Baby fühlt.

Das perfekte Kind

Wenn sich ein Paar ein Kind wünscht, so stellt es sich meist ein perfektes Kind vor: gesund, hübsch, liebenswert und nicht zu anstrengend. Das Wunschkind kommt zum genau richtigen Zeitpunkt vom richtigen Partner und macht das Leben perfekt.
Da in Deutschland immer weniger Kinder geboren werden, wird ein Kind heute fast schon zum Luxusgut, das möglichst fehlerlos sein soll. Wenn früher in der Kinderschar begabte und weniger be-

Das ideale Wunschkind.

gabte wie auch hübschere oder weniger hübsche Kinder vertreten waren und die Eltern das hinnahmen, wie es eben kam, so sollte heute das Kind weitgehend makellos sein. Ein Kind, das nicht den Erwartungen entspricht, etwa ein Kind, das krank ist, das viel Fürsorge braucht oder das eine Behinderung hat, passt nicht ins Schema und stellt damit seine Eltern häufig vor erhebliche Probleme. Nicht selten meinen sie, dass sie etwas falsch gemacht haben und schuldig seien. Damit machen sie die Situation noch schwerer, als sie ohnehin schon ist.

> **!** Es gibt eine Sehnsucht nach Sicherheit, die verständlich ist, die man aber dennoch nicht 100%ig befriedigen kann.

Jede Mutter kann mit einer zwar kleinen, aber doch gegebenen Wahrscheinlichkeit krank werden und damit das werdende Kind gefährden. Jede Geburt ist ein gewisses Wagnis; jedes Kind kann – trotz umfassender Vordiagnostik – gewisse Einschränkungen haben. Ein gewisses Risiko bleibt immer bestehen.

Das Kind im Kopf

Wenn wir aus psychologischer Sicht auf das Wunschkind schauen, das wir im Kopf haben, zeigt sich manchmal, dass es eine Art Ersatz für etwas Fehlendes sein soll. Eine Mutter, die beispielsweise selbst ein Sohn werden sollte, wird möglicherweise Weiblichkeit und Frausein als minderwertig einstufen. Sie wird sich vielleicht intensiv einen Sohn wünschen, um den empfundenen eigenen Makel wettzumachen.

Wenn jemand unter Mangel an Zuwendung und Verständnis gelitten hat, dann kann ein sehr starkes Bedürfnis da sein, endlich jemanden zu haben, der ganz für einen da ist und einen wirklich liebt. Somit kann der Wunsch nach einem Kind aus der Sehnsucht rühren, selbst geliebt zu werden. Das Kind, das man sich dann vorstellt, ist sympathisch, brav, pflegeleicht und hat Verständnis für seine Mutter. Ein reales Kind kann unter Umständen völlig anders sein und somit die Erwartungen enttäuschen.

Paare stellen sich ihr künftiges Kind oft ganz unterschiedlich vor.

Es ist sinnvoll, sich über die Hintergründe des eigenen Kinderwunsches Klarheit zu verschaffen und vielleicht auch zu entdecken, dass es Motive gibt, die mit der eigenen Geschichte oder der eigenen Bedürftigkeit zusammenhängen.

Schwierig kann die elterliche Erwartung beispielsweise werden, wenn in der Vergangenheit schon ein Kind verstorben ist oder nicht mehr in der Familie lebt. Dann kann der Schmerz über das verlorene Kind die Offenheit für das neue Kind verstellen. Dann hoffen die Eltern vielleicht darauf, dass das Kind, das kommen soll, dem fehlenden Kind ähneln wird, oder sie haben Erwartungen, die sich an dem fehlenden Kind orientieren. Es ist dann verständlich, dass die Mutter oder der Vater besonders viel Angst um das kommende Kind haben und sich viele Sorgen machen. Aber obwohl dieses Verhalten nachzuvollziehen ist, führt es doch dazu, dass das neue Kind nicht unvoreingenommen begrüßt wird und dass ihm – zumindest im Kopf – von vornherein eine gewisse Aufgabe zukommt. Damit sind wir diesem Kind gegenüber weniger frei, als das vielleicht möglich sein könnte. Das Kind im Kopf ist eine Fantasie vom Kind; es ist aber nicht dasselbe Kind wie das reale Kind, das gerade im Bauch heranwächst.

> **!** Es ist wichtig, das Fantasiekind und das reale Kind auseinanderzuhalten.

Die Erwartungen der werdenden Mutter oder des werdenden Vaters können manchmal auch sehr schön sein. Wir spüren, wie etwas Lebendiges wächst. Die innere Zuwendung zu diesem werdenden Menschen kann all unsere Fürsorge, unsere liebevollsten und zärtlichsten Eigenschaften erwecken. Vielleicht fangen wir an, eine Wiege herzurichten, das Kinderzimmer zu streichen oder ein Mützchen zu häkeln. Ich lausche vielleicht in mich hinein und gebe dem Wunder, das da gerade entsteht, Raum. Ich mache mich selbst bereit, für dieses Wesen da zu sein und es zu lieben. In diesem offenen Raum entsteht in den Eltern die Fähigkeit zur selbstlosen Liebe, zur Übernahme von Verantwortung, zur Veränderung.

> **!** In diesem Prozess entwickelt sich nicht nur das Kind, sondern das Paar verändert sich und verwandelt sich zu Eltern.

Krisen in der Schwangerschaft

Aus vielerlei Gründen kann die Schwangerschaft aber auch als problematisch erlebt werden. Es kann dadurch zu psychischen Krisen und Erkrankungen kommen. Oder bestehende Erkrankungen erschweren oder gefährden die Schwangerschaft und das Baby.

Probleme im psychosozialen Bereich

- Das Kind kommt ungeplant.
- Das Kind ist nicht erwünscht.
- Die Mutter ist alleinerziehend.
- Das Paar erlebt sich nicht als Paar.
- Die werdende Mutter hat zu wenig Unterstützung.

- Die werdende Mutter ist noch sehr jung und unreif.
- Es gibt erhebliche finanzielle Nöte.
- Die werdenden Eltern sind bildungsfern.

Wenn einige oder mehrere dieser Aussagen auf Sie zutreffen, ist jetzt der richtige Zeitpunkt, um sich Hilfe zu holen. Diese Unterstützung steht Ihnen und Ihrem werdenden Kind zu, Sie brauchen sich also weder zu schämen noch zu rechtfertigen, wenn Sie Hilfe benötigen. Im Gegenteil, es wäre falsch, sich *nicht* helfen zu lassen. Es gibt für jeden der genannten Punkte und auch alle anderen Probleme, die während einer Schwangerschaft auftreten könnten, verschiedenste Hilfsangebote: Diese reichen von Beratungsstellen am Wohnort, Mutter-Kind-Häusern, finanzieller Hilfe, kostenlosen Elternkursen, Familienhelfern über Eltern-Kind-Ambulanzen bis hin zu psychotherapeutischer Unterstützung, beispielsweise bei Paarproblemen oder eigenen psychischen Störungen. Dieses Buch gibt Ihnen einen ganz guten Überblick, was wann helfen und wie diese Hilfe dann konkret aussehen könnte. Übergeordnete Adressen finden Sie im Anhang. Sie können sich auch direkt und jederzeit an Beratungsstellen an Ihrem Wohnort wenden; hier gibt es spezielle Ansprechpartner, die Schwangere in Notsituationen unterstützen.

Psychische Probleme in der Schwangerschaft

Falls eine psychische Erkrankung vorliegt, wie eine Depression oder eine Angsterkrankung, besteht diese häufig auch in der Schwangerschaft fort, wenn sie nicht behandelt wird. In der Schwangerschaft könnte sie aber das Kind schädigen. Deshalb ist es besonders wichtig, dass sich eine schwangere Frau um Hilfe kümmert, wenn sie psychisch leidet. Auch Drogengebrauch oder regelmäßiger Konsum von Alkohol und Zigaretten sind Verhaltensweisen, die unbedingt in der Schwangerschaft aufgegeben werden sollten. Dafür braucht man manchmal Hilfe.

Die Schwangerschaft sollte eine Zeit sein, in welcher die werdende Mutter sich gut um sich und ihr werdendes Kind kümmert. Wenn sie aufgrund von Ängsten, Depressionen, Zwangsgedanken oder anderen psychischen Erkrankungen an die Grenzen ihrer Leistungsfähigkeit kommt, so sollte so

schnell wie möglich Hilfe organisiert werden, da die mütterliche Psyche das Kind erheblich beeinflusst.
Folgende psychische Erkrankungen sind in der Schwangerschaft am häufigsten vertreten:

- Angststörungen
- Depressionen
- Persönlichkeitsstörungen (z. B. Borderline-Persönlichkeitsstörung, abhängige Persönlichkeitsstörung)
- Suchterkrankungen – stoffgebunden (Alkohol, Nikotin, Drogen, Medikamente u. a.)
- Suchterkrankungen – nicht-stoffgebunden (Computerspiele, Kaufsucht, Sexsucht u. a.)
- Zwangsstörungen
- Essstörungen (Anorexie, Bulimie, Esssucht)
- Psychosen (Schizophrenie, bipolare Störung, Manie)

Wenn Sie als werdende Mutter oder werdender Vater unter einer der oben genannten Störungen leiden, kümmern Sie sich bitte um professionelle Hilfe. Am besten ist es, wenn Sie sich an eine Einrichtung wenden, in der auch ein Arzt dabei ist. Dann kann die Gesundheit von Mutter und Kind gleichermaßen in den Blick genommen werden und nach der Diagnose gleich eine Therapie erfolgen. Der Rat, sich bei einer psychischen Erkrankung kompetente Hilfe zu holen, gilt für jeden Menschen. Aber bei angehenden Eltern bezieht er eben auch noch das Wohl des heranwachsenden Kindes mit ein. Die Form der Therapie hängt von der jeweiligen Störung ab und kann Psychotherapie, sozialpädagogische Begleitung und auch Medikamente umfassen.

Einige Medikamente sind auch in der Schwangerschaft hilfreich

Früher hörte man häufig den Rat, in der Schwangerschaft keine Medikamente einzunehmen; heute sieht man das anders und differenzierter. Manche Medikamente wie z. B. Antidepressiva können vom Arzt verordnet werden und sind äußerst segensreich. Der werdenden Mutter geht es damit oft deutlich besser; somit kommt sie auch leichter mit den Herausforderungen der Schwangerschaft, der Geburt und dem Wochenbett klar. Bei modernen

Antidepressiva sind keine schädigenden Nebenwirkungen auf das Baby im Bauch bekannt. Bei anderen Medikamenten muss man sorgfältig abwägen, in welcher Dosierung und in welchem Zeitraum die Präparate genommen werden können. In jedem Fall ist aber eine fachärztliche Beratung erforderlich.

Anlaufstellen

Folgende Stellen sind in der Regel vor Ort zu finden und können bei psychischen Erkrankungen in der Schwangerschaft unterstützen:

- Frauenarzt und Hebamme
- Fachärzte für Psychiatrie und Psychotherapie
- Fachärzte für Psychosomatische Medizin und Psychotherapie
- klinische Psychologen
- Eltern-Kind-Ambulanzen
- Schwangerenberatungsstellen
- sozialpsychiatrische Dienste der Gesundheitsämter
- die Jugendämter der Stadt oder des Kreises

Erhöhtes Stresserleben

Abschließend sei darauf hingewiesen, dass es neben den umschriebenen psychischen Erkrankungen auch unspezifische Belastungen gibt, die meistens mit erhöhtem Stresserleben einhergehen. Bei Stress produziert unser Körper bestimmte Hormone wie Adrenalin, Noradrenalin oder Cortisol. Diese sorgen für gesteigerte Unruhe, Angst, Depressionen und verschiedene andere psychische Beeinträchtigungen. Der hohe Level an Stresshormonen beeinträchtigt auch körperliche Prozesse und kann die Immunabwehr schwächen und somit körperliche Erkrankungen provozieren. Wer solche Stresssymptome kennt, sollte lernen, wie der Stresslevel herunterreguliert werden kann. Dazu gibt es verschiedene Methoden.

Achtsamkeit ist das Gegenteil von Stress

In diesem Buch finden Sie am Ende jedes Kapitels eine Achtsamkeitsübung. Achtsamkeit ist eine innere Haltung, die einem dazu verhilft, im Hier und Jetzt zu sein. Achtsamkeit hilft, aus Stress und Hetze auszusteigen. Ein entspannter, achtsamer innerer Zustand fühlt sich gut an. Wir sind dabei offener für uns selbst und für andere Menschen. Das ermöglicht einen nahen und verstehenden Kontakt, der Grundlage einer sicheren Bindung ist.

Achtsamkeit ist das Gegenteil von Stress. Stress verhindert einen guten Kontakt. Achtsamkeit fördert einen guten Kontakt – sowohl zu sich selbst als auch zu seinem Kind und Partner. Deshalb macht es Sinn, sich die Zeit zu nehmen, um Achtsamkeit bewusst zu üben. Wenn Sie jetzt schon Lust haben, sich mit dem Thema Achtsamkeit etwas intensiver zu befassen, so lesen Sie Kapitel 11 in diesem Buch, das sich eingehender mit dem Thema Achtsamkeit beschäftigt.

Die Übungen helfen Ihnen zunächst dabei, aus Stresssituationen auszusteigen, sich etwas mehr Zeit und Ruhe für sich selbst zu gönnen, sich selbst besser zu spüren und auch das Baby – wenn es dann da ist – genauer wahrzunehmen. Es sind einfache Übungen, die aber den Kontakt mit sich selbst und dem Kind auf eine gute Art und Weise unterstützen.

Es kann einige Wochen dauern, bis die Übungen klappen. Die Übungen können Sie unabhängig voneinander machen. Probieren Sie aus, was Ihnen zusagt und was nicht; Sie können gerne damit etwas experimentieren. Lassen Sie sich nicht entmutigen! Wenn Sie dranbleiben, dann wird sich Ihre Fähigkeit, sich zu entspannen und wohlzufühlen verbessern. Das wird nicht nur Ihnen, sondern auch Ihrem Baby und dem Rest der Familie guttun.

ÜBUNGEN

Einfach mal Pause machen

Oft merken wir nicht, wie es uns eigentlich geht. Wir sind in einem hyperaktiven „Tun-Modus" unterwegs. Wir orientieren uns an all dem, was noch zu machen, zu leisten und zu erreichen ist. Dabei vergessen wir nicht selten, wirklich nach unseren eigenen Bedürfnissen und unserem momentanen Erleben zu schauen. Wir nehmen unser eigenes „Sein" und den sogenannten „Sein-Modus" nicht mehr wahr. Wir vernachlässigen uns selbst, ohne es zu merken. Wir erledigen den ganzen Tag Dinge – rein mechanisch. Wir fühlen uns gehetzt, angespannt und ohne unmittelbarem Kontakt mit dem eigenen seelischen Erleben. Die erste Achtsamkeitsübung soll helfen, aus diesem gehetzten Modus auszusteigen. Ein erster Schritt ist deshalb: **Zehn Minuten gar nichts tun!**

Setzen Sie sich auf einen Küchenstuhl, eine Bank oder legen Sie sich auf eine Decke und machen Sie bewusst nichts. Keine Musik, kein Fernsehen im Hintergrund, keine Zigarette – gar nichts.

Geben Sie sich selbst Zeit, um sich wahrzunehmen, wie Sie sich gerade erleben, wie sich Ihr Körper anfühlt, welche Empfindungen auftauchen und welche Gefühle da sind. Wenden Sie sich bewusst sich selbst zu. Zeigen Sie Interesse an sich und Ihrem Erleben. Machen Sie bewusst nichts anderes, als das zuzulassen und zu spüren, was sich gerade zeigt. Lassen Sie sich einfach mal so sein, wie Sie sind, ohne dauernd an sich selbst herum zu kritisieren oder ständig etwas zu erwarten. Lassen Sie sich für einige Minuten in Ruhe. Erlauben Sie sich, genauso zu sein, wie Sie gerade sind.

Und wenn Sie schwanger sind, so geben Sie auch dem Baby, das in Ihnen wächst, etwas Zeit. Geben Sie ihm die Zeit für etwas Hinspüren und Wahrnehmen und für eine bewusste Zuwendung zu dem, was sich hier entwickelt und entfaltet. Spüren Sie in Ihren Bauch und seien Sie einige Momente im Kontakt mit Ihrem Kind.

2 Geburt und Wochenbett

Vorbereitung

Es ist unbedingt zu empfehlen, sich auf die Geburt eines Kindes, insbesondere wenn es das erste Kind ist, bewusst vorzubereiten. Dazu gehört der „Nestbau“ in der eigenen Wohnung, die Vorbereitung des Zimmers oder des Eckchens, wo das Kleine seinen Platz bekommen soll, mit dem Kinderbett, der Wickelkommode und dem Mobiliar, was man sonst noch braucht. Zur sogenannten „Erstausstattung“ gehören auch ein Kinderwagen, Kinderbekleidung und ein, zwei Windelpakete. Diese Dinge kann man – wenn das eigene Geld dafür nicht reicht – über die Bundesstiftung „Hilfe für Mutter und Kind“ oder die Agentur für Arbeit beziehen.
Es ist wichtig, dass Sie sich überlegen, wo und in welcher Weise Sie Ihr Kind zur Welt bringen wollen. Zu welcher Hebamme haben Sie Vertrauen? Welche Klinik hat einen guten Ruf? Soll der Partner bei der Geburt dabei sein? Falls Mutter und Kind ganz gesund sind und die Schwangerschaft regelrecht verlaufen ist, kann an eine Hausgeburt oder die Geburt in einem Geburtshaus gedacht werden. Wenn es jedoch körperliche oder psychische Unsicherheitsmomente gibt, so ist die Geburt im Krankenhaus zu empfehlen, da es dort mehr Möglichkeiten der Notfallbehandlung gibt.
Dies heißt jedoch nicht, dass eine Geburt eine Krankheit ist und dass mit einem Notfall zu rechnen ist.

> ! Eine Geburt ist die natürlichste Sache der Welt, und die meisten Frauen können auf natürlichem Wege ein Kind gebären.

Wichtig ist, dass Sie im Vorfeld abstimmen, wie Sie sich die Geburt wünschen. Ein Geburtsvorbereitungskurs ist sehr zu empfehlen. Sie erfahren dabei viel von den örtlichen Gegebenheiten, können Kontakte mit Paaren in der gleichen Situation knüpfen und lernen schließlich Entspannungs- und Atem-

techniken, die unter der Geburt sehr hilfreich sind. Wer sich zwischen den Wehen entspannen und erholen kann, hat einen besseren Geburtsverlauf und muss mit weniger Komplikationen rechnen.
Für manche Frauen ist eine Geburt unter Umständen mit großen Ängsten verbunden, da ein Prozess stattfindet, den man nur bedingt steuern kann. Wer große Angst hat oder negative Erfahrungen mit Sexualität und Missachtung eigener Grenzen gesammelt hat, sollte darüber im Vorfeld mit der Hebamme oder der Frauenärztin/dem Frauenarzt sprechen.
Es ist verständlich, dass es Ängste und Unsicherheiten vor einer Geburt gibt. Sprechen Sie über alle Sorgen, die Sie möglicherweise umtreiben. Eine Geburt ist etwas Normales, eine Erfahrung, die zum Frausein gehört, und keineswegs ein Ausnahmezustand, den man nur unter Betäubung übersteht. Natürlich spielen hier viele Faktoren eine Rolle; aber eine Geburt ist eine einmalige Erfahrung und ein wunderbares Erlebnis, dass möglichst wach, klar und mit offenem Herzen erlebt werden sollte.

Es ist da!

Wenn das Baby gesund und die Mutter wohlauf ist, dann besteht Anlass zur Dankbarkeit und Freude. Lassen Sie sich als Eltern nun bewusst Zeit, um Ihr Kind auf der Welt willkommen zu heißen. Sie erleben in diesem Moment das Wunder des Lebens. Ihnen wurde ein eigenes Kind geschenkt. – Für besondere Momente im Leben darf man sich Zeit lassen.
Die Erfahrung lehrt aber auch, dass die Geburt in einem Krankenhaus meist mit vielen medizinischen und organisatorischen Abläufen einhergeht. Das Baby muss eventuell noch mal in die Kinderklinik, die Mutter hat vielleicht Schmerzen, das Stillen

klappt vielleicht noch nicht ... Anfangs holpert vieles. Wenn diese ersten Stunden und Tage geschafft sind und Sie schließlich zuhause sind – mitsamt dem Tragekörbchen, dem Still-BH, dem Kind und dem ganzen Papierkram – dann kommt häufig erst mal eine ziemliche Erschöpfung.

Erschöpfung und „Heultage"

Eine Geburt ist ein körperlicher Kraftakt und geht oft auch mit psychischem Stress einher. Nach der Geburt erfolgt eine massive hormonelle Umstellung, welche die Rückbildung der Gebärmutter und die Milchproduktion mit sich bringt. Diese hormonelle Umstellung und auch der Abfall der Hormone, die die Schwangerschaft unterhalten haben, wie z. B. Östrogen, verursachen in 50–80 % der Fälle vorübergehende psychische Beeinträchtigungen, nämlich den „Baby Blues", auch als „Heultage" bekannt.
Diese Heultage sind biologisch sinnvoll, da sie der Umwelt signalisieren, dass es der jungen Mutter gerade nicht so gut geht und dass sie jetzt besonders viel Unterstützung und Verständnis braucht. Die Mutter erlebt sich in dieser Zeit meist als weicher und zarter und ein bisschen abhängig. Diese Verfassung ermöglicht ihr, sich besser in das zarte und abhängige Wesen einzufühlen, das jetzt auf sie angewiesen ist. Diese Stimmung macht sie sensibler und feinfühliger als vorher und das ist sehr wichtig für einen gelingenden Kontakt mit dem Baby.

Die Mutter stimmt sich aufs Kind ein

Der „Baby Blues" ist in der Regel nach wenigen Tagen vorbei und dann entwickelt sich üblicherweise allmählich die Freude am Kind. Diese Freude taucht auf, wenn Sie das kleine Würmchen immer besser kennen lernen, besser mit ihm umgehen können und sich selbst zunehmend sicherer fühlen. Zwar kann das Neugeborene sich selbst noch nicht steuern oder seine Bedürfnisse wie z. B. Hunger oder den Schlaf-wach-Rhythmus regulieren, aber die Mutter entwickelt nach und nach immer mehr Sicherheit und eine gewisse Routine. Mutter und Kind stimmen sich immer mehr aufeinander ein und damit klappen die Abläufe immer besser.

Die ersten Tage und Wochen sind stark von der Biologie des Kindes bestimmt. Die kindliche Verdauung ist noch nicht richtig eingespielt – oft kommt es in den ersten drei Monaten zu Darmblähungen und Schmerzen beim Stuhlgang. Das hochrote Köpfchen eines Babys, das mit seinem Stuhlgang kämpft, kann anfangs durchaus etwas alarmierend wirken. Sobald die biologischen Prozesse aber eingespielt sind, beruhigt sich das.
Schwierig und gewöhnungsbedürftig kann auch das Stillen sein – ein großer Teil der jungen Mütter hat damit (anfangs) Schwierigkeiten. Bei Unsicherheiten und Schmerzen beim Stillen ist die betreuende Hebamme meist eine große Hilfe. Es gibt dabei eine ganze Reihe von Tricks und Tipps, die die Mutter vermittelt bekommt. Nicht jede Mutter hat aber Lust, ihr Kind zu stillen, und keine sollte dazu gezwungen oder gegen ihren Willen überredet werden. Aus biologischer Sicht ist das Stillen allerdings wirklich zu empfehlen, da die Muttermilch eine Fülle wichtiger Nährstoffe enthält und da es die Beziehung zwischen Mutter und Kind optimal fördert.
Schon an dieser Stelle sei darauf hingewiesen, dass die Zeit des Wochenbetts, die Zeit des Kennenlernens, für beide – sowohl für die Mutter als auch für das Baby – von großer Wichtigkeit ist. In dieser Zeit entsteht die Bindung zwischen den beiden. Je besser die Bindung ist, umso leichter kommen sie in der Zukunft miteinander klar.

! Eine sichere Bindung ist für das Baby ein großer Schutzfaktor im weiteren Leben und hilft ihm, künftig auch in schwierigen Situationen den Mut und das Vertrauen nicht zu verlieren.

Seelische Belastungen nach der Geburt

Wochenbettdepression

Was aber, wenn sich nach ein paar Tagen oder Wochen kein Glück, keine Freude, keine Muttergefühle einstellen? Dies ist bei 10–15 % der Frauen der Fall. Sie erleben sich selbst als unnatürlich, vielleicht sogar als **Rabenmutter** und leiden darunter, dass das Kind bei ihnen so wenig Resonanz hervorruft. Diese Frauen leiden vermutlich unter einer Wochenbettdepression (= postpartale Depression), welche folgende Symptome aufweist:

Christin hat eine Wochenbettdepression.

- Niedergeschlagenheit und Traurigkeit
- Antriebs- und Lustlosigkeit
- innere Leere
- Gefühl der Gefühllosigkeit (z. B. Unfähigkeit zu weinen)
- Denk- und Konzentrationsstörungen
- kein Appetit
- keine Lust auf Sex
- Schlafstörungen
- Gefühl der Hilflosigkeit und Überforderung
- Schuldgefühle, keine gute Mutter zu sein
- körperliche Beschwerden wie z. B. Kopfschmerzen, Gliederschmerzen, Verdauungsstörung
- Ängste, innere Unruhe, Panikattacken
- Reizbarkeit und Aggression
- Zwangsgedanken
- zwiespältige Gefühle dem Kind gegenüber

Nicht alle Symptome müssen gleichzeitig auftreten, sie sind manchmal leichter, manchmal deutlicher ausgeprägt. Typisch bei der postpartalen

Depression ist eine schleichende Entwicklung, d. h. die Betroffene und die sie umgebenden Menschen merken nicht so recht, wie sich der Zustand verschlimmert. Die beschriebenen Symptome entwickeln sich manchmal auch erst einige Wochen oder Monate nach der Geburt.

Die meisten Frauen wissen gar nicht, dass es sich bei ihrem Zustand um eine Krankheit handelt. Sie denken, dass etwas mit ihnen selbst nicht stimmt, dass sie nicht normal reagieren und dass sie keine gute Mutter sind. Sie sprechen aus Scham oft nicht über ihre Probleme und hoffen, dass dieser Zustand mit der Zeit von selbst wieder vergeht. Nur wenige der Frauen mit einer Wochenbettdepression nehmen professionelle Hilfe in Anspruch.

Durch die Depression ist auch die Fähigkeit, nachzudenken, sich aktiv zu kümmern und gut für sich zu sorgen, beeinträchtigt. Die Folge ist oft, dass sich die jungen Mütter sozial zurückziehen, nicht über ihr Erleben sprechen und immer unglücklicher werden. Dabei „funktionieren" sie nach außen hin ganz gut. Die Kinder sind sauber und satt, sie werden ordentlich versorgt. Das Problem ist aber, dass es zu keinem lebendigen emotionalen Austausch kommt und dass die Mutter auf ihr Kind ohne echte Anteilnahme oder Interesse reagiert. Dies ist für das Baby schlimm, da es auf Anteilnahme und emotionale Spiegelung angewiesen ist.

> ! Die Folge ist, dass nach einer gewissen Zeit auch das Baby depressiv wird.

Vorsicht – Gefühle sind ansteckend!

Wenn Sie den Eindruck haben, dass Sie eine Wochenbettdepression haben, dann sprechen Sie möglichst bald mit jemandem darüber – mit Ihrem Partner, Ihrer Familie, mit Ihrer Hebamme, Ihrem Frauenarzt/Ihrer Frauenärztin, Ihrem Hausarzt/Ihrer Hausärztin oder einer guten Freundin. Sie sind nicht willensschwach oder unfähig, sondern es kann sein, dass Sie krank sind und deshalb nicht alles nach Wunsch verläuft.

Lassen Sie sich entlasten durch Ihren Partner, Angehörige oder Freunde. Sorgen Sie für Entspannung, erinnern Sie sich daran, was Ihnen vor der Geburt Spaß gemacht hat und versuchen Sie, das umzusetzen. Suchen Sie sich ärztliche oder psychologische Unterstützung.

! Wochenbettdepressionen können mit Medikamenten und Psychotherapie gut behandelt werden.

Christin litt nach der Geburt unter einer Wochenbettdepression

Christin ist eine 23-jährige Zahnarzthelferin, die seit ihrem 20. Lebensjahr mit Frank zusammen ist, der zum Zeitpunkt der Empfängnis noch als Soldat diente. Als die beiden erfuhren, dass sie schwanger geworden ist, waren sie unsicher, ob sie das Kind überhaupt haben wollten. Frank, 21 Jahre alt, Christins Freund, hatte eigentlich andere Pläne. Er wollte aber seine Freundin, die sich zu freuen schien, nicht kränken und fügte sich schließlich in das Schicksal. Irgendwie nahmen es beide eben wie es kommt und glaubten, dass sie es schon schaffen würden.

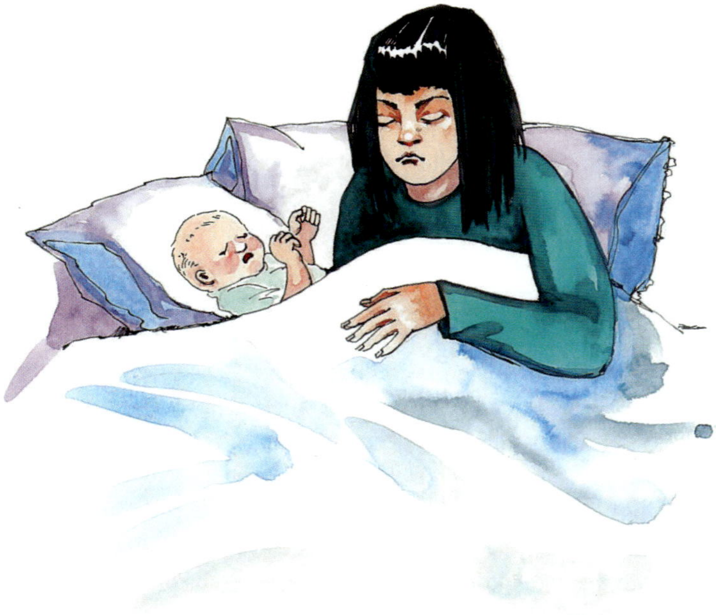

Christin spürt kaum Freude.

Christin war während der Schwangerschaft viel alleine, da Frank noch bei der Bundeswehr war. Sie kümmerte sich um eine kleine Wohnung, die Erstlingsausstattung für das Baby und ging auch gewissenhaft zu ihrer Frauenärztin, die ihr versicherte, dass sich das Baby gut entwickelte.
Christin war in einer Kleinstadt mit ihren Eltern und zwei jüngeren Geschwistern aufgewachsen. Sie fühlte sich in dieser Familie nie so ganz zugehörig und hatte den Eindruck, dass die Eltern, insbesondere der Vater, die beiden jüngeren Geschwister bevorzugten. Sie hatte als Kind deshalb geglaubt, dass sie weniger liebenswert oder weniger begabt als die Geschwister sei und deshalb nicht gemocht werde. Als sie 14 Jahre alt war, gestand ihre Mutter, dass ihr vermeintlicher Vater nicht ihr leiblicher Vater sei. Ihr eigener Vater sei nach ihrer Geburt „abgehauen". Die Mutter hatte einen anderen Mann geheiratet als sie zwei Jahre alt war, dieser hatte sie damals adoptiert.
Zwei Monate vor der Geburt kehrte Frank nach Hause zurück und die beiden bezogen ihre erste gemeinsame Wohnung. Beide gaben sich viel Mühe und nahmen die Verantwortung für das kommende Kind ernst. Frank strich die Wohnung, baute eine Küche ein und richtete das Kinderzimmer her. Das war seine Form der Verantwortungsübernahme. Außerdem suchte und fand er einen Job als Installateur, sodass auch die finanzielle Zukunft der kleinen Familie gesichert schien.
Christin tat sich allerdings schwer damit, über ihre Sorgen und Ängste, die manchmal recht stark waren, zu sprechen. Sie fühlte sich schuldig, dass sie nicht richtig verhütet hatte; sie hatte ein schlechtes Gewissen, weil sie Frank ohne seine Zustimmung zum Vater machte; und sie befürchtete insgeheim, dass er irgendwann genau so verschwinden würde, wie das ihr leiblicher Vater ja auch getan hatte. Sie schlief schlecht, grübelte immer mehr und fühlte sich schon vor der Geburt unsicher und ängstlich und nicht sehr glücklich.
Die Geburt verlief gut. Christin hatte an einem Geburtsvorbereitungskurs teilgenommen und machte alles „richtig". Das Baby, der kleine Paul, war gesund und trank auch bald ohne Probleme an der Brust. Trotzdem zweifelte Christin weiterhin an sich. Sie fragte sich, ob sie eine gute Mutter sein könnte, fragte sich, ob sie Paul gerecht werden könnte und konnte – vor lauter Zweifel und Unsicherheit – kaum Freude an ihrem kleinen Jungen empfinden.

Als sie nach Hause kam und alles seinen geregelten Gang ging, hörten die Zweifel und die Niedergeschlagenheit nicht auf. Oft weinte sie und schaute auf ihr Baby, das ihr leidtat. Sie sah es an, aber empfand nicht viel dabei; sie ging mit ihm spazieren, war aber schon bald erschöpft. Abends ging sie früh zu Bett und wollte ihre Ruhe haben, während Frank noch alleine fernsah. Nach vier bis fünf Monaten entwickelten sich immer mehr Partnerschaftskonflikte. Frank litt unter der Antriebslosigkeit seiner Freundin. Er wäre gerne mal mit ihr ins Kino oder gemeinsam mit ihr und dem Baby nach Thüringen zu seinen Eltern gefahren. Christin hatte aber nie Lust. Natürlich hatte sie auch keine Lust auf Zärtlichkeit und Frank fühlte sich deshalb ungeliebt und einsam.

Angst- und Zwangsstörungen

Angststörungen sind die häufigsten psychischen Probleme in unserem Land. Die Veranlagung zur ängstlichen Reaktion ist mit der Geburt eines Kindes natürlich nicht verschwunden, sondern kann sich durch die Verantwortung für das Kind noch verstärken. Da Gefühle ansteckend sind, wird auch das Baby Angst entwickeln. Ein Blick in das Gesicht der Mutter vermittelt ihm, dass die Welt ein gefährlicher Ort ist und dass sogar die Mutter nicht in der Lage ist, die Gefahren zu bewältigen.

! Kinder nehmen die Angst und Anspannung der Mutter in sich auf und werden selbst ängstlich und unsicher. Es können sich daraus später Angtsstörungen entwickeln.

Mit zunehmender Sicherheit im Umgang mit ihrem Kind werden die meisten Frauen gelassener und selbstbewusster. Bei Menschen mit klinischen Angststörungen bleibt die Angst aber bestehen und geht manchmal sogar mit Zwangsgedanken oder Zwangshandlungen einher.

Zwangsgedanken oder **Zwangshandlungen** sind Gedanken oder Handlungen, die man vollzieht, obwohl man selbst weiß, dass sie unsinnig sind. Man muss beispielsweise immer wieder prüfen, ob das Bügeleisen aus ist,

man muss seine Hände ständig waschen oder auch bestimmte unsinnige Gedanken wiederholen, obwohl sie zu nichts führen.

Bei einem Waschzwang dreht sich alles nur noch um Sauberkeit.

> **!** Diese Zwänge sollen helfen, die Angst in den Griff zu bekommen; leider um den Preis, dass man in einem Kontrollsystem lebt und seine eigene innere Freiheit verliert.

Oft liegen solchen psychischen Störungen schwierige frühere Lebenserfahrungen zugrunde. Manchmal gibt es aber keine logische Erklärung für die Neigung zur Angstreaktion oder Zwangserkrankung. Es ist aber unbedingt zu empfehlen, dass sich junge Mütter oder Väter mit ausgeprägten Ängsten oder Zwängen in Therapie begeben. Wenn die Symptomatik nicht behandelt wird, kann sie chronisch werden und das Kind belasten.

Wochenbettpsychose

Die selten vorkommende Wochenbettpsychose ist eine schwere Erkrankung, die 0,1–0,2 % aller Wöchnerinnen betrifft. Die Symptome einer Wochenbettpsychose entwickeln sich oft plötzlich und gehen meist mit ausgeprägter Unruhe und Erregung einher. Aus einer diffusen Angst um das Leben ihrer Kinder oder aufgrund eines unheimlichen Bedrohungsgefühls können solche Frauen Handlungen begehen, die gefährlich sind.

> **!** Bei psychotischen Symptomen benötigen Sie sofortige psychiatrische Behandlung.

Symptome einer Wochenbettpsychose sind:

- Hören von Stimmen
- Wahnvorstellungen
- Allmachts- und Retterfantasien
- Phasen sehr starker Erregung
- panische Angstzustände, Verfolgungsängste
- Einbilden/Sehen von Dingen und Ereignissen, die nicht der Wirklichkeit entsprechen
- ernsthafte Aggressivität gegen sich selbst oder andere Personen

Suchterkrankungen

Man kann von vielem abhängig werden: von Suchtmitteln wie z. B. Zigaretten, Alkohol, Drogen oder bestimmten Tabletten. Man kann auch von Dingen abhängig werden, die üblicherweise nicht als Suchtmittel gelten, z. B. Essen (zu viel, zu wenig, mit Erbrechen) oder von Computern (Computerspiele, Internetsucht, Internetpornografie).

Manche Suchtmittel wie z. B. Crystal können innerhalb kürzester Zeit eine massive Abhängigkeit erzeugen, manche Süchte entwickeln sich langsam nach einer Phase von Gewöhnung und schädlichem Gebrauch.

Wer abhängig ist, wird ohne sein Suchtmittel nicht klarkommen. Ein Leben ohne den Stoff oder die Verhaltensweise, die Entspannung, Wohlbefinden und gute Laune schafft, erscheint manch einem Abhängigen nicht erstrebenswert. Das Gehirn verlangt nach dem Kick durch die Droge und entwickelt eine verquere Logik. Vielleicht glaubt man sogar, das Suchtmittel tue einem gut, weil man leistungsfähiger und lockerer wird.

Süchtige Eltern sind in ihrem Verhalten unberechenbar, sie sind zum Teil verwahrlost und verantwortungslos. Das Suchtmittel verändert das Sozialverhalten eines Menschen – dieser verhält sich häufig unangemessen und widersprüchlich.

! Aus der Sicht der Kinder sind Suchterkrankungen eine Katastrophe. Die Kinder wissen nie, woran sie sind, und entwickeln oft eigene, schwere psychische Störungen.

Aus Sicht des Kindes ist es besser, in einer anderen Familie aufzuwachsen als bei leiblichen Eltern, die süchtig sind. Da das Jugendamt Verantwortung dafür trägt, dass Kinder in einer gesunden und förderlichen Umgebung aufwachsen, sind Suchterkrankungen ein wichtiger und richtiger Grund dafür, den Eltern das Sorgerecht zu entziehen. Wer süchtig ist und ein Kind erwartet oder schon bekommen hat, sollte sich unbedingt um Unterstützung bei der Suchthilfe bemühen. Dort wird auch darauf geachtet, dass Eltern und Kinder beeinander bleiben können, wenn sich die Eltern ehrlich bemühen, von ihrer Sucht loszukommen. Falls dies nicht der Fall ist, so ist es nachvollziehbar, dass die Interessen des Kindes geschützt werden und dass es in eine Umgebung kommt, die stabiler und verlässlicher ist.

Störungen der Gefühlsregulation

Unter einer behandlungsbedürftigen Störung der Gefühlsregulation versteht man das regelmäßige Auftreten heftiger, unkontrollierbarer Gefühle und **extreme Stimmungsschwankungen**. Diese gehen oft mit massiver Wut auf sich selbst und andere einher. Manchmal treten auch selbstverletzendes Verhalten oder Phasen von innerer Leere, Depression und Zweifel am Sinn des Lebens auf. In der Pubertät oder in Lebenskrisen sind solche Gefühle nichts Ungewöhnliches. Wenn

Liliana und Lucia sind manchmal beide vollkommen überfordert.

das Auf und Ab der Gefühle aber mit zunehmendem Alter nicht aufhört und nicht beherrschbar ist, dann spricht man von einer **Borderline-Störung** bzw. von einer **emotional instabilen Persönlichkeitsstörung**. Im Zusammenhang mit der Pflege eines Säuglings oder Kleinkinds sind diese Zustände sehr belastend (sowohl für die Eltern als auch für das Kind) und unter Umständen sogar gefährlich, da es zu plötzlichen Wutausbrüchen oder impulsiven Handlungen kommen kann. Es ist zu empfehlen, dass Menschen mit Borderline-Störungen eine spezifische Psychotherapie machen und Techniken – **Skills** – erlernen, um ihre Spannungen und Hochstresszustände zu managen. Dies ist beispielsweise in psychotherapeutischen Kliniken möglich.

Wechsel zwischen Übererregung und innerer Leere

Der Kern des Problems ist die Neigung zu massivem Stresserleben und dem damit verbundenen rasend schnellen Hochschießen der Anspannung und Erregung. Diese Phasen von **Hochstress** wechseln oft mit Phasen **emotionaler Taubheit** ab und führen dazu, dass die/der Betroffene sich leblos, gefühllos und ohne Kontakt zum eigenen emotionalen Erleben und dem Erleben der Mitmenschen fühlt. Dieser Zustand ist oft so furchtbar und quälend, dass sich die Betroffenen selbst verletzen, um wenigstens ein bisschen was zu spüren, auch wenn es schmerzhaft ist.

Meist haben Menschen mit einer Borderline-Störung selbst wenig Bindungssicherheit und Stabilität erlebt. Sie kennen oft massive Erfahrungen von Einsamkeit und Verlassenheit und fürchten diese sehr. Sie reagieren deshalb mitunter mit Angst und Panik, wenn sie fürchten, verlassen zu werden, manchmal aber auch mit massiver Wut. Schon kurze Trennungen oder vergleichsweise harmlose Auslöser, wie nasse Windeln, ein umgestoßenes Glas oder eine Ungeschicklichkeit des Kindes oder von sich selbst können diese massiven Gefühlsausbrüche auslösen.

Von eigenen Gefühlen und Kindheitserinnerungen überflutet

Ein Baby kann eine Mutter oder einen Vater mit einer Borderline-Störung ernsthaft an den Rand der Verzweiflung bringen. Einerseits aktiviert das kleine Kind unbewusste vorsprachliche Erinnerungen an eigene Erlebnisse aus der frühen Kindheit. So kann beispielsweise das Weinen des Babys eigene Gefühle von Verlassenheit, Bedürftigkeit oder Angst aktivieren und damit die Mutter oder den Vater selbst (wieder) in einen hilflosen, überforderten und gestressten emotionalen Zustand bringen. Der Erwachsene wird quasi gegen seinen Willen von seinen eigenen kindlichen Gefühlen überflutet. Wenn das Kind schlecht schläft, viel schreit oder oft krank ist, so kommen auch die Eltern nicht zur Ruhe. Dies kann zur Erschöpfung, Überforderung oder Überreizung der Mutter/des Vaters führen, die gefährlich werden kann. Gerade wenn Sie schon durch Ihre Borderline-Störung psychisch belastet sind, könnte unter dieser weiteren Belastung alles aus dem Ruder laufen. Dann kann es zu Kurzschlussreaktionen kommen, bei denen man seine Spannung am Kind auslässt, es anbrüllt oder schlägt. Oder man wendet sich innerlich ab und kümmert sich nicht mehr um das Kind. Es gibt zum Beispiel überforderte Mütter, die abends ausgehen und ihre Kinder alleine lassen. Das ist natürlich sehr gefährlich und fügt dem Kind massiven Schaden zu. Bevor es soweit kommt, sollten Sie sich Hilfe holen. Ansprechbar und zuständig sind immer die Jugendämter, die auch den gesetzlichen Auftrag haben, in Notsituationen zu unterstützen. Es gibt **600 Jugendämter in Deutschland** und deren Mitarbeiter engagieren sich dafür, dass die Erziehung gelingt und dass die Kinder und Jugendlichen sich positiv entwickeln können. Sie bieten Unterstützung bei konkreten Problemen und kümmern sich um die jeweils richtige und geeignete Hilfe. Es gibt eine Fülle weiterer lokaler Beratungsangebote und fachlicher Hilfe. Die Notrufnummer des Kinderschutzbundes gilt bundesweit. Weitere Tipps und Adressen finden Sie im Anhang.

! Bundesweite Notrufnummer für Eltern: 0800/111 05 50

Chronischer Stress

Problematisch und potenziell krank machend ist anhaltender, chronischer Stress. Bei Dauerregung produziert der Körper unablässig Stresshormone wie z. B. Cortisol, das gewebsschädigend ist. Bei chronischem Stress bleibt der Körper in einer ständigen Alarmbereitschaft. Das kann eine Fülle von körperlichen und psychischen Erkrankungen nach sich ziehen, wie z. B. anhaltend hohe Pulsfrequenz, Herzrhythmusstörungen, hoher Blutdruck, erhöhter Blutzuckerspiegel und Zuckerkrankheit (Diabetes mellitus). Beim Neugeborenen und Säugling beeinträchtigt Hochstress die optimale Entwicklung des Gehirns. Cortisol schädigt die Nervenzellen und kann sogar dazu führen, dass das kindliche Gehirn sich nicht richtig entwickelt. Elterlicher Stress kann bei Säuglingen sogenannte **Regulationsstörungen** hervorrufen. Der Dauerstress der Eltern überträgt sich auf das Kind. Es schreit dann oft stundenlang, kann nicht mehr schlafen oder lässt sich nicht mehr füttern. Das Kind ist dann in einer dauernden Übererregung gefangen, die es selbst nicht steuern oder beenden kann.

Um aus dem **Teufelskreis der Übererregung** herauszufinden und um ihrem Säugling eine entspannte und zugewandte Stabilität vermitteln zu können, sollten Eltern lernen, wie sie sich selbst entspannen und beruhigen können.

Es muss alles funktionieren – sowohl die Mutter als auch das Kind.

! Die eigene Ruhe und Stabilität sind die Grundlage für den entspannten Umgang mit dem Säugling. Ohne sie wird es schwierig, einen Ausstieg aus der Erregungsspirale zu finden.

Es gibt verschiedene Möglichkeiten zur Entspannung: Neben Sport und Bewegung, welche Erregung abbauen können, gibt es auch nach innen gerichtete Verfahren wie z. B. Progressive Muskelrelaxation, Autogenes Training und Meditation. Im vorliegenden Buch werden Achtsamkeitsübungen vermittelt, die auf die Situation einer Familie mit einem Baby zugeschnitten sind.

Die folgende Übung ist eine klassische Basisübung zur Entwicklung von Achtsamkeit. Die Aufmerksamkeit wird dabei auf den Körper gelenkt. Der Kopf, in dem ständig Gedanken kreisen, hat Pause. In Achtsamkeitskursen machen die Teilnehmer diese Übung täglich.

ÜBUNGEN

Der Bodyscan – den Körper achtsam wahrnehmen

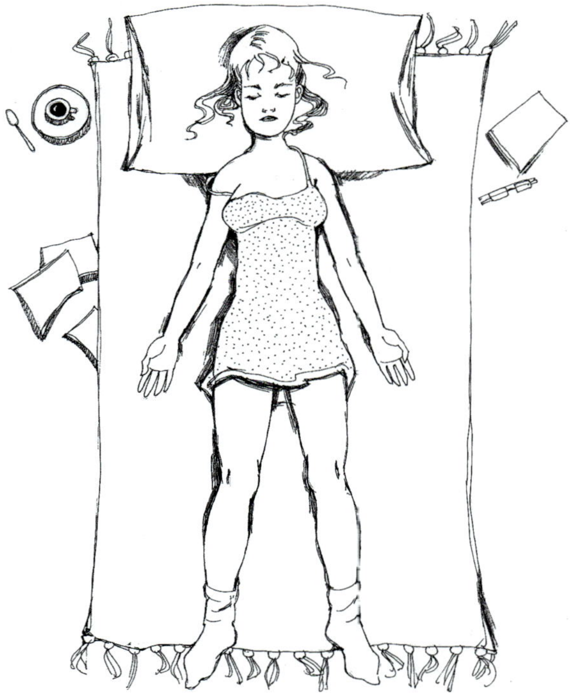

Beim Bodyscan wandern Sie durch die verschiedenen Regionen Ihres Körpers. Es geht darum, Ihren Körper und alle Empfindungen, die aufkommen, mit einer wachen, interessierten und vor allem annehmenden inneren Haltung zu erkunden. Es ist hilfreich, wenn Sie für diese Übung eine Zeit wählen, in der Sie für ca. 20–30 Minuten ungestört sind. Sorgen Sie für angenehme Raumtemperatur, lockere Kleidung und gute Umgebungsbedingungen.

Legen Sie sich flach auf den Rücken. Die Arme liegen locker neben Ihrem Körper mit den Handflächen nach oben. Nehmen Sie wahr, wie Sie sich im Raum fühlen, wie sich Ihr Körper anfühlt, wie Sie atmen und wie Sie sich selbst von innen her erleben. Schließen Sie die Augen, wenn es Ihnen möglich ist, und lassen Sie sich auf eine offene und freundliche Erkundung Ihres ganzen Körpers ein – von den Zehenspitzen zu den Haarwurzeln.

Jede Körperstelle abscannen

Lenken Sie Ihre Aufmerksamkeit wie ein Lichtstrahl zu Ihrem linken großen Zeh und spüren Sie, was Sie wahrnehmen, wenn Sie anfangen, genau hinzufühlen. Dies kann ein Kribbeln oder leichtes Strömen, das Empfinden von Wärme oder Kälte, von einem Luftzug oder die Wahrnehmung der Socken an den Füßen sein. Nehmen Sie wahr, was ist, und nicht, was sein soll. Es kann durchaus sein, dass Sie im jeweiligen Moment nichts spüren – auch das ist in Ordnung.
Gehen Sie nun systematisch vom großen Zeh zu den weiteren Zehen des linken Fußes, dann zur Fußsohle, der Ferse, dem Fußrücken und dem Fußgelenk. In dieser Weise wandern Sie Zentimeter für Zentimeter immer weiter nach oben, über die Waden und das Schienbein, die Kniekehle und die Kniescheibe bis zum Oberschenkel und der Hüfte. Wiederholen Sie diesen Prozess für das rechte Bein und lenken Sie die Aufmerksamkeit im Weiteren dann zum Beckenbereich, dem Bauchbereich, dem Rücken und der Brust sowie den Armen und Händen und schließlich zu Schultern und Nacken, um mit einer sehr genauen Wahrnehmung der Kopfhaut und des gesamten Gesichtes zu schließen.
Lassen Sie Ihren Atem während dieser Übung natürlich fließen, ohne etwas am Atem verändern zu wollen. Sie brauchen also nicht besonders tief zu atmen oder bestimmte Atemtechniken anzuwenden. Versuchen Sie – so gut es geht – wach zu bleiben und aufmerksam zu sein. Sie werden aber feststellen, dass Sie vermutlich gelegentlich wegdriften und den „Faden verlieren“. Das kann durchaus vorkommen. Wenn Sie das bemerken, dann führen Sie den Bodyscan mit dem Körperteil fort, bei dem Sie zuletzt waren, bzw. beim Anhören der Audiodatei mit dem Körperteil, über den gerade gesprochen wird.

Nichts ändern oder bewerten – einfach wahrnehmen

Bei der Übung geht es nicht darum, etwas Bestimmtes zu fühlen oder nicht zu fühlen, sondern genau das wahrzunehmen, was sich im Moment zeigt. Sie müssen nichts leisten, nichts verändern oder sich irgendwie anstrengen, sondern Sie können vielmehr alles genau so zulassen, wie es gerade eben ist. Manchmal zeigen sich auch Verspannungen oder Schmerzen, auch diese gehören dann zu

Ihrem Erleben und es ist gut, wenn Sie sich ihnen ein wenig zuwenden und sie vielleicht mit Ihrem Atem erspüren. Bleiben Sie aber bitte nicht zu lange an dieser Stelle, sondern führen Sie den systematischen Bodyscan fort und wenden Sie sich dem nächsten Körperteil zu.

Es gibt keine richtigen oder falschen Empfindungen

Jede Empfindung darf sein und gehört im Moment dazu. Wenn Gefühle oder Gedanken auftauchen, so nehmen Sie auch das kurz wahr und wenden sich dann wieder der Körperreise zu. Wenn sich Stellen taub anfühlen oder wenn Sie nichts spüren, so ist auch das in Ordnung. Nehmen Sie dieses Erleben wahr und registrieren Sie es. Vielleicht ist das am nächsten Tag wieder ganz anders. Beobachten Sie genau, was Sie wahrnehmen, lassen Sie nichts weg, fügen Sie nichts hinzu. Erwarten Sie nichts, bewerten Sie nichts und versuchen Sie, wie eine Antenne, empfangsbereit zu sein für die Signale, die Ihr Körper sendet.

Lieber hören statt lesen?

Diese Übung finden Sie auch als Audiodatei
zum Download unter www.schattauer.de/3099.html

3 Die Gehirnentwicklung des Säuglings

Ein bisschen Biologie

Im menschlichen Gehirn gibt es ca. 100 Milliarden Nervenzellen mit ca. 100 Billionen Verbindungen untereinander. Jede der 100 Milliarden Nervenzellen ist mit bis zu 10 000 anderen Nervenzellen verbunden. Es gibt somit unzählige Verschaltungen zwischen verschiedenen Hirnarealen, die in Abhängigkeit von dem, was von ihnen verlangt wird, zusammenarbeiten oder nicht zusammenarbeiten.
Das Gehirn eines Neugeborenen wiegt ungefähr 330 Gramm. Bei einem fünfjährigen Kind hat das Gehirn bereits 90 Prozent seines endgültigen Gewichts erreicht und wiegt über ein Kilo. Das zeigt, dass sich im Kleinkindalter das Gehirn mit all seinen Verschaltungen massiv entwickelt.

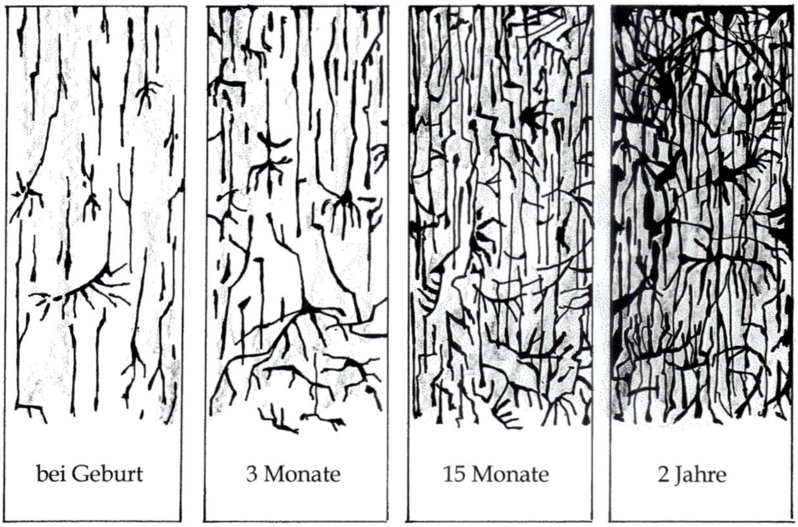

Die Nervenzellen entwickeln und vernetzen sich in den ersten Lebensmonaten sehr stark.

> **!** Die „Hardware" unseres Gehirns formt sich im Kleinkindalter. Die Strukturen, die sich in dieser Zeit bilden, prägen uns ein Leben lang.

Die Speicher- und Vernetzungsfähigkeit eines menschlichen Gehirns kann man mit dem Internet vergleichen. Es sind unvorstellbar viele Möglichkeiten denkbar. Es ist eine unvorstellbar komplexe Maschine, welche eine bestmögliche Anpassung an die jeweilige Umwelt ermöglicht. Man kann es als einen Supercomputer verstehen, der in den ersten Lebensjahren maßgeblich programmiert wird. Das Gehirn mit seinen unendlich vielen Möglichkeiten ist ein Schatz. Es ist die Aufgabe von Eltern, diesen Schatz zu pflegen.

Es versteht sich, dass Alkoholgenuss und Drogenkonsum und auch Rauchen während der Schwangerschaft keine gute Idee sind, da sie die Gehirnentwicklung beeinträchtigen. Auch nach der Geburt müssen Krankheiten, Verletzungen, Schädigungen von dem Kind ferngehalten werden. Eltern machen das in der Regel selbstverständlich, da es ihr eigenes intuitives Bedürfnis ist, dass ihr Kind gesund und glücklich ist.

Zum Glück des Kindes gehört nicht nur, dass es gut versorgt wird sowie satt und trocken ist, sondern auch dass es Kontakt, Beziehung und Zuneigung bekommt. Neugeborene sind soziale Wesen, die ohne Bindung und Zuwendung nicht lebensfähig sind. Sie benötigen ihre Eltern als Helfer, um mit den eigenen inneren Empfindungen und den komplizierten Erfahrungen in der Außenwelt zurechtzukommen. Wenn die Eltern signalisieren, dass diese Erfahrungen normal und bewältigbar sind, wenn sie auf die Anspannung des Kindes mit Verständnis reagieren und dabei selbst entspannt bleiben, dann erkennen die Kinder, dass keine Gefahr besteht und können sich ihrerseits beruhigen und entspannen.

Einfluss von Stress auf das kindliche Gehirn

Aus der Tierforschung wissen wir, dass kleine Ratten, die nach der Geburt den Müttern weggenommen wurden und die ohne Sozialkontakte bzw. Anregung aufwuchsen, in ihrer Hirnrinde eine erheblich geringere Dichte von Nervenzellen und Nervenzellverschaltungen aufweisen als Rattenbabys, die von ihren Müttern gesäugt, geleckt und umsorgt wurden. Die vernachlässigten Ratten entwickeln Verhaltensstörungen und sind sehr stressempfindlich und übererregbar. Auch im Erwachsenenalter schütten diese Ratten viel mehr Stresshormone aus als normal wäre. Sie entwickeln Krankheitssymptome, die auf Stress zurückzuführen sind. Außerdem sind diese gestressten Ratten schlechtere Eltern. Sie registrieren die Bedürfnisse ihrer Jungen nicht und kümmern sich unzulänglich.

Auch Säuglinge, welche wenig Körperkontakt haben, zeigen ähnliche Reaktionen wie die vernachlässigten Ratten. Es geht ihnen nicht gut und sie entwickeln oft erhebliche körperliche und psychische Störungen. Das Hormon Cortisol, das bei chronischem Stress produziert wird, schädigt Nervenzellen. Da sich die Nervenzellen in der frühen Kindheit vernetzen und ausformen müssen, hat eine solche Schädigung erhebliche Auswirkung auf die Intelligenz, die Emotionssteuerung und das Sozialverhalten des Kindes.

Anregung und Entspannung sollten ausgeglichen sein

Eine frühe Form von stressbedingten Störungen sind sogenannte **Regulationsstörungen**. Dabei ist das vegetative Nervensystem nicht optimal ausbalanciert. Üblicherweise wechseln sich Phasen von wacher Erregung und Anspannung mit Phasen von Ruhe, Entspannung und nach innen gerichteter Aufmerksamkeit ab. In den Anspannungsphasen ist das sogenannte **sympathikotone Nervensystem** aktiv. Die Entspannungsphasen werden durch das **parasympathische Nervensystem** vermittelt. Sympathikus und Parasympathikus sind Gegenspieler, deren Aktivität ausgeglichen sein sollte. Wenn die sympathikotone Erregung überwiegt, dann kommt der Organismus nicht zur Ruhe und gerät unter Umständen in eine Daueranspannung, die in Regulationsstörungen münden kann.

Viele Störungen der frühen Säuglingszeit „wachsen sich aus". Dennoch wissen wir aus psychotherapeutischer Erfahrung, dass sich Stress im Säuglingsalter daherhaft auswirken kann: Menschen, die im späteren Lebensalter psychische Probleme aufweisen, erlebten sehr häufig frühkindliche Stresssymptome und leiden ein Leben lang unter stresskorrelierten Symptomen. Regulationsstörungen von Kleinkindern können sich bei Kindern im Schulalter zu Aufmerksamkeitsdefizitstörungen oder auch zu Verhaltensstörungen entwickeln. All dies geht mit einer ungünstigen Bildungsprognose einher. Es macht somit unbedingt Sinn, auf die Regulationsstörungen des Säuglings so früh wie möglich einzugehen.

Einfluss von Beziehungserleben auf die Gehirnstruktur

Interessanterweise werden in den ersten Lebensmonaten wesentlich mehr Nervenverbindungen angelegt, als der Säugling längerfristig braucht. Nach der Überproduktion der ersten Lebensmonate erfolgt ein Prozess, den man als „Pruning" (Jäten) bezeichnet. Wie man im Garten das Unkraut jätet, damit die Pflanzen Platz zum Wachsen haben, so wird auch im Gehirn Platz für die Nerven und Nervenverbindungen geschaffen, die besonders wichtig sind. In diesem Prozess gehen nicht genutzte Nervenzellen (das „Unkraut") zugrunde – immerhin betrifft das ein Drittel der vorhandenen Nervenzellen. Die häufig genutzten neuronalen Strukturen festigen sich und Verbindungswege formen sich aus, die schließlich lebenslänglich Bestand haben werden.
Der Sinn dieser höchst effektiven Anpassungsfähigkeit liegt darin, dass sich das kindliche Gehirn mit seinem enormen Potenzial an Möglichkeiten den jeweiligen Umweltbedingungen bestmöglich anpassen kann. Die überflüssigen Verbindungen verkümmern und beanspruchen keinen Platz. Um diese Muster jedoch zu entwickeln, braucht es vonseiten der Erzieher **Regelmäßigkeit**, **Struktur**, wiederkehrende Erfahrungen und die sicherheitgebende **Konstanz** einer Umwelt, welche verlässlich und beständig ist. Die Ermöglichung einer guten Hirnreifung ist elterliche Grundaufgabe.

Damit diese Aufgabe gut gelingen kann, ist es sinnvoll zu verstehen, wie wichtig dies biologisch ist.

! Die Grundstruktur des Gehirns reift in den ersten Lebensjahren heran. Dafür braucht es Beständigkeit und Zuwendung seitens der Eltern.

Bis zum 18. Lebensmonat haben sich die nicht gebrauchten Nervenzellen aufgelöst. Die Zellverbände, die besonders oft in Gebrauch sind und folglich besonders wichtig sind, werden nun in kognitiven Netzwerken verknüpft, die die Hardware unserer Persönlichkeit bilden. Wir lernen nicht nur zu gehen und zu sprechen, unseren Darm zu kontrollieren und Fahrrad zu fahren – wir lernen auch, ob wir vertrauen können, wie wir bestmöglich kommunizieren und wie wir unsere Bedürfnisse so vermitteln, dass sie verstanden werden. Wir lernen, wie wir in sozialen Gruppen zurechtkommen und zugleich, dass wir einzigartige Persönlichkeiten sind. All das wird bis zum Alter von drei Jahren grob festgelegt. Danach findet weiteres lebenslanges Lernen statt, aber die Grundstrukturen des Gehirns und die Bindungsmuster sind festgelegt. Aus diesem Grunde ist es so wichtig, dass Eltern gerade in diesem Lebensalter der kognitiven, emotionalen und sozialen Entwicklung ihrer Kinder Zeit widmen und verstehen, dass sie wesentliche Grundlagen für das künftige Leben der Kinder prägen.

Jeder Autofahrer muss mittels eines Führerscheins nachweisen, dass die Grundlagen der Straßenverkehrsordnung verstanden werden. Es wäre schön, wenn auch Eltern verstehen, dass sich das Kind entsprechend festgelegter biologischer Reifungsschritte entwickelt und jeweils die Eltern an seiner Seite braucht, damit diese Schritte gut gelingen. Die Aufgabe der Eltern ist es, diese Schritte zu kennen und den Signalen ihrer Kinder zu antworten.

Eigentlich steuert ein Baby oder ein Kleinkind seine Bezugspersonen in optimaler Weise. Es vermittelt, was es will und was es braucht. Die Eltern müssen nur auf die **Signale des Babys** achten; dann erkennen sie, was im jeweiligen Moment angemessen und sinnvoll ist. Ein Neugeborenes benötigt viel Ruhe und wenige Außenreize, ein etwas älteres Kind will soziale Zuwendung, Anregung, Förderung beim Krabbeln, Hochziehen, Laufenlernen.

Mandy geht's nicht so gut.

Es wird lächeln, flirten, Faxen machen und will bestätigt bekommen, dass es besonders toll und liebenswert ist. Üblicherweise ist ein Kind schon zufrieden, wenn die Eltern da sind und an den richtigen Stellen unterstützen, hinschauen und reagieren. Das braucht nicht immer viel Zeit oder Anstrengung; oft läuft dieser Wahrnehmungs- und Unterstützungsprozess eher nebenbei. Die Eltern müssen also nicht ihr ganzes Leben nach dem Kind richten oder ununterbrochen in Habt-Acht-Stellung sein. An den entscheidenden Punkten sollten sie aber verstehen, was erforderlich ist, und dann auch das jeweils Angemessene tun.

Mandy wurde von ihrer Schwangerschaft überrascht

Mandy hatte ihrem eigenen Körper und ihren Bedürfnissen nie besonders viel Aufmerksamkeit zukommen lassen und somit auch nicht wahrgenommen, dass die Regel ausblieb.

Nun war sie in einer schwierigen Lage: 17 Jahre, keine Ausbildung und im 5. Monat schwanger. Ohne festen Partner – sie wusste nicht mal, wer der Vater war. Zuerst hat sie die Erkenntnis gar nicht richtig an sich rangelassen und weiter gefeiert. Irgendwann hat aber ihre Mutter sie auf ihren Bauch angesprochen und so kam alles raus.

Ihre Mutter hat selbst insgesamt 6 Kinder von verschiedenen Männern. Sie machte ihr Mut, dass man schon einen Weg finden würde, dass aber Mandy nicht bei ihr bleiben könnte, weil kein Platz in der Wohnung sei. Die Mutter vermittelte dann den Kontakt zum Jugendamt und dort wurde beraten, wie man Mandy und ihr kleines Kind unterstützen könne.

Ihr wurde zugesagt, dass sie einen Platz in einem Mutter-Kind-Haus bekommen würde. Dort gäbe es andere Mädchen und Frauen wie sie und außerdem persönliche Unterstützung für sie selbst und ihr Kind. Da Mandy noch keinen Schulabschluss hatte und vielleicht noch nicht reif genug war, um ihrer Mutterrolle gerecht zu werden, schien das eine gute Lösung zu sein. Man würde sich um sie kümmern und hinsichtlich Schule und Ausbildung unterstützen, aber auch das Baby im Blick behalten und ein Auge darauf haben, dass es gut versorgt werden würde und dass Mutter und Kind miteinander klarkommen.

ÜBUNGEN

Ruhe da oben!

Wenn wir versuchen, zur Ruhe zu kommen, dann merken wir, was sich alles in unserem Kopf abspielt. Die äußere Ruhe macht es möglich, dass wir die innere Welt besser wahrnehmen – die Welt unserer Gefühle, Gedanken, Erinnerungen, Wünsche, Träume ... Manchmal sind es so viele Bilder und Gedanken, dass wir gleich wieder gestresst sind. Dies ist unter Umständen ein Grund dafür, dass manche Menschen die Stille fürchten.

Man kann aber lernen, mit diesen Bildern im Kopf einen gelasseneren Umgang zu finden. Es sind ja nur Bilder. Folgende kleine Übung kann helfen:

Bitte setzen Sie sich aufrecht und zugleich so entspannt wie möglich auf einen Stuhl, einen Hocker oder – falls Sie so etwas besitzen – ein Meditationskissen. Richten Sie Ihre Aufmerksamkeit zunächst auf Ihren Körper, Ihre Sitzhaltung und den Kontakt zur Sitzgelegenheit. Lassen Sie sich einige Minuten Zeit, um Ihren Körper wirklich zu spüren. Sie können dafür auch den Bodyscan im Sitzen durchführen.

Nun lassen Sie sich Zeit, um Ihre Gedanken etwas zu entdecken. Woran denken Sie denn gerade? Gibt es bestimmte Lieblingsgedanken? Gibt es Gedanken, die penetrant immer wieder kommen und Sie nicht in Ruhe lassen? Gibt es Gedanken, an denen Sie kleben und haften?

In der Achtsamkeitspraxis geht es nicht darum, die Gedanken zu unterdrücken, sondern vielmehr darum, sie kommen und gehen zu lassen und sich nicht mit ihnen zu verstricken und zu identifizieren. Es geht darum, die typischen Gedanken und die typischen Gefühle etwas genauer kennen zu lernen. Dabei schaut man wie eine Forscherin auf den eigenen Geist und beobachtet, was so alles auftaucht, was es da so alles gibt und wie intensiv die Gedanken und Gefühle uns in Beschlag nehmen.

Schließlich ist es wichtig zu erkennen, dass es nur Gedanken sind, die auftauchen und wieder verschwinden. Gedanken sind nicht die Wirklichkeit. Betrachten Sie die Gedanken mit etwas Distanz und versuchen Sie sie immer wieder aufs Neue loszulassen. Unser Ziel ist es, Achtsamkeit inmitten unserer Gedanken zu entwickeln.

Lieber hören statt lesen?

Diese Übung finden Sie auch als Audiodatei zum Download unter www.schattauer.de/3099.html

4 Intuitives elterliches Verstehen

Damit ein Kind optimal versorgt werden kann, braucht es ein Zusammenspiel zwischen kindlichen Signalen und elterlichem Verstehen. Aufseiten des Kindes wird das Bindungssystem aktiviert, wenn das Kind Zuwendung, Schutz und Nähe braucht. Es setzt dazu spezifische Signale wie Weinen, Arme ausstrecken, Quengeln und Lächeln ein.
Das Fürsorgesystem der Bezugsperson zielt darauf ab, dem Kind durch Aufnehmen, Wiegen, Streicheln, Singen und beruhigende Sprache Sicherheit zu vermitteln. Die Bezugspersonen greifen dabei auf eigene frühere Erfahrungen zurück, die sie selbst erlebt haben und die ihnen meist nicht bewusst zugänglich sind.

Man kann sich eigentlich darauf verlassen

Kinder sind zum Zeitpunkt ihrer Geburt vollkommen hilflos und in existenzieller Weise auf die Zuwendung und Versorgung ihrer Eltern oder Bezugspersonen angewiesen. Diese Hilflosigkeit und Abhängigkeit des Neugeborenen löst meistens bei den Eltern das Bedürfnis aus, das Baby zu schützen, zu pflegen und zu versorgen und alles Erforderliche dafür zu tun, dass es dem Kind gut geht, dass es sicher, gesund, zufrieden und glücklich ist. Das kleine Kind löst in den Eltern ein spezifisches **Fürsorgeverhalten** aus, welches es den Eltern tatsächlich ermöglicht, Tag für Tag und Nacht für Nacht zugewandt, engagiert und kümmernd zu sein. Dieses Fürsorgesystem weckt oft die wertvollsten Eigenschaften in Menschen, sie wachsen über sich hinaus und zeigen ein Engagement und eine Verantwortungsbereitschaft, die sie in vielen Fällen selbst nicht erwartet hätten und sich früher vielleicht auch nicht zugetraut hätten.
Schon das Neugeborene steuert als **„kompetenter Säugling“**, was es zum jeweiligen Zeitpunkt benötigt, und aktiviert seine Bezugspersonen durch seine Signale. In einer sehr feinen Form können schon kleine Säuglinge kundtun, wie es ihnen geht und was sie brauchen. Sie können ihre psy-

chischen Grundbedürfnisse nach körperlicher Versorgung, nach Nähe und Zärtlichkeit, aber auch nach Abgrenzung und Ruhe in Abhängigkeit von ihrem jeweiligen Reifungsgrad vermitteln und die aktuell sinnvolle soziale Unterstützung einfordern. Wichtig ist aber, dass die Signale wahrgenommen, verstanden und adäquat beantwortet werden. Um dies zu ermöglichen, braucht es seitens der Bezugspersonen eine gewisse Achtsamkeit und Feinfühligkeit.

Störungen der intuitiven elterlichen Kompetenz

Aufgrund verschiedener Ursachen kann diese instinktive Verhaltenssteuerung beim Menschen gestört sein. Es braucht ein gewisses Maß an Aufmerksamkeit und Zuwendung, um die kleinen, aber deutlichen Signale des Kindes wahrzunehmen. Wer selbst belastet und gestresst ist, wird möglicherweise nicht die Aufmerksamkeit haben, zusätzlich noch auf die Wünsche seines Kindes zu achten. Ferner braucht es auch die Einsicht, dass das Kind diese Signale aus gutem Grund vermittelt. Wer beispielsweise befürchtet, sein Kind zu verwöhnen, wenn er oder sie es bei Kummer tröstet, wird keine Motivation entwickeln, auf das Weinen des Babys zugewandt einzugehen.

Maximilian verweigert sich – „mag er mich vielleicht nicht?".

Patrizia empfindet ihr Kind als fordernd und aggressiv

Patrizia ist eine 37-jährige, sehr gewissenhafte und erfolgreiche Steuerberaterin, deren Mann Alexander in der IT-Branche arbeitet und meist erst spät am Abend nach Hause kommt. Sie schildert, dass die Beziehung zu ihrem 10-monatigen Sohn sehr schwierig geworden sei: „Maximilian spuckt beim Füttern den Brei immer wieder aus. Wenn ich ihn abends stillen will, lehnt er die Brust zunehmend ab. Er tut mir auch weh beim Stillen. Zugleich fordert er sehr viel Zuwendung. Er ist anstrengend, schwer zu beruhigen und zum Teil aggressiv.

Von meinen Eltern habe ich nur wenig Liebe erfahren. Die waren sehr streng und fordernd. Ich musste gute Noten nach Hause bringen und beste Leistungen zeigen, das war ihnen wichtig. Ich kann mich aber nicht erinnern, dass sie mich jemals in den Arm genommen hätten. Ich habe seit einigen Jahren keinen Kontakt mehr mit ihnen. Ich brauche sie glücklicherweise nicht mehr. Ich habe mich als Steuerberaterin selbstständig gemacht. Meine Kanzlei mit drei Angestellten läuft gut. Dafür habe ich in den letzten Jahren aber auch viel Zeit investiert; es ist nicht so leicht, sich einen Kundenstamm aufzubauen und sich am Markt zu etablieren. Da muss man am Ball bleiben. Wenn Maximilian ein Jahr alt ist, soll er in eine Krippe, damit ich wieder in der Kanzlei nach dem Rechten schauen kann.

Aber so anstrengend, wie er jetzt ist, weiß ich gar nicht, wie das gehen soll. Ich kann ihn kaum mal für eine Weile ins Bettchen legen, um etwas anderes zu machen. Aber auch wenn ich ihn auf dem Arm habe, quengelt er weiter. Er ist irgendwie immer nervös und angespannt. Er ist nie so richtig zufrieden. Manchmal habe ich das Gefühl, dass er mich nicht mag. Selbst nach dem Stillen ist er quengelig und unruhig. Kann er mich nicht einfach mal in Ruhe lassen? Ständig muss ich mich um ihn kümmern. Mir wird das alles zu viel. Ich gebe mir wirklich sehr viel Mühe, eine gute Mutter zu sein. Ich habe mich auch umfassend informiert und viel gelesen. Aber dieses Kind gibt nie Ruhe. Es scheint einen unangenehmen, fordernden Charakter zu haben. Manchmal finde ich ihn richtig unsympathisch."

Patrizia ist im Umgang mit ihrem Sohn äußerst gewissenhaft und will alles richtig machen – ihr Bemühen, eine gute Mutter sein zu wollen, ist klar erkennbar. Im konkreten Kontakt fällt jedoch auf, dass sie die feinen Signale ihres Kindes nicht deutlich genug wahrnimmt und sein Bedürfnis nach mehr entspanntem Kontakt und Zuwendung ignoriert. Ihr Sohn erlebt das Füttern seiner Mutter als bedrängend und anstrengend. Der angespannte Gesichtsausdruck der Mutter beim Füttern sowie ihre Neigung, ihm ständig ihren Willen aufzudrücken, provoziert bei dem Sohn Abwehr und Abwendung. Aufgrund der eigenen schwierigen Erfahrung innerhalb ihrer Ursprungsfamilie kann die Mutter diese Signale nicht als gesundes Wehren gegen zu viel Druck verstehen, sondern *interpretiert sie als Ablehnung ihrer eigenen Person.* Darauf reagiert sie mit noch mehr Bemühen um Perfektion und wird noch angespannter und verkrampfter.

Der Vater, welcher in dieser Situation unterstützend und entzerrend wirken könnte, ist zu wenig da. Im Moment wäre es hilfreich, wenn die enge und nicht unproblematische Beziehung zwischen Mutter und Baby durch eine weitere Person erweitert wird. Man spricht hierbei auch von **„Triangulierung“**: Aus einer Zweierbeziehung wird eine Dreierbeziehung – ein Dreieck. Diese dritte Person schafft Abstand, Raum und ermöglicht sowohl der Mutter als auch dem Baby, sich ein bisschen voneinander zu lösen. Die väterliche Unterstützung wäre für die Mutter jetzt notwendig. Zudem würde Patrizia eine andere Umgangsform des Vaters mit dem Sohn wahrnehmen können, welche ihr alternative Strategien des Zugangs aufzeigen und somit einen Ausweg aus der momentanen Verunsicherung und Anspannung aufweisen könnte.

Die eigenen Beziehungserfahrungen, auch die schwierigen, misslingenden und traumatischen Beziehungserfahrungen, werden – unbewusst – im Rahmen der Beziehung mit dem eigenen Kind wieder aktiviert. So kann z. B. das Weinen des Kindes das eigene Erleben von Angst, Verlassenheit oder Einsamkeit reaktivieren und die Mutter in unerträgliche Spannungszustände versetzen. Sie hat dann nicht mehr die Möglichkeit, beruhigend und sicherheitgebend zu agieren, sondern gerät in eine innere Verfassung, in der sie zum Teil *ihr Kind mit sich selbst verwechselt.* Sie verliert dadurch ihre Erwachsenenposition, auf welche das Kind angewiesen ist, und rutscht in kindliche und bedürftige innere Zustände.

In diesem Prozess geht die intuitive Feinfühligkeit verloren. Je schlechter es der Mutter geht, desto unverbundener wird sie sich selbst erleben, und umso schlechter wird sie ihr Kind wahrnehmen und versorgen können. Die sich entwickelnde Distanz zum Kind ist somit kein Ausdruck fehlender Liebe und

Zuneigung, sondern vielmehr ein Hinweis, dass der Zugang zu den zarten und intimen Empfindungen aufgrund eigener Probleme beeinträchtigt ist. Eine Störung der intuitiven elterlichen Kompetenz ist zu beobachten, wenn sich solche Situationen häufen oder die Fähigkeit zur Wahrnehmung der feinen kindlichen Signale immer mehr verloren geht. Unterstützung von außen ist dann möglicherweise für die Eltern erforderlich, ggf. auch eine Eltern-Kind-Psychotherapie, welche besonders die Gestaltung der Bindung in den Blick nimmt.

Der Kreislauf positiver Gegenseitigkeit

Kurz vor der Geburt produziert das Baby das Hormon **Oxytocin** und leitet damit die Wehen ein. Beim Stillen und der „Brutpflege" – also dem Baden, Wickeln und Kuscheln wird wieder Oxytocin produziert. Dies führt dazu, dass Eltern und Kind Freude aneinander entwickeln und Spaß miteinander haben, da Oxytocin zugewandte, glückliche und lustvolle Gefühle auslöst. Das Baby wird anfangen zu lächeln und zu flirten, die Mutter (oder auch der Vater) fühlt sich durch diese kindliche Zuwendung erfreut und alle fühlen sich wohl miteinander. Oxytocin wird auch beim Sex ausgeschüttet und sorgt für Zärtlichkeit und Nähe zwischen dem Paar.
In einem Kreislauf gelingender Gegenseitigkeit geht es nicht darum, irgendwie perfekt zu sein oder das Baby „richtig", d. h. nach bestimmten Plänen oder Richtlinien zu erziehen, sondern man vertraut den biologischen Prozessen, die Bindung, Beziehung und Wohlfühlen ermöglichen.

> **!** Orientieren Sie sich an Ihrem eigenen, intuitiven Gefühl, welches Ihnen vermittelt, ob es Ihnen und Ihrem Kind zusammen gut geht.

Das Kind bringt einen eigenen Entwicklungsdrang, Neugierde und Freude an der Welt und deren Erforschung mit. Als Eltern darf man darauf vertrauen, dass das Wesentliche, das Wachsen und Entwickeln ermöglicht, bereits vorhanden ist. Man muss nicht ständig ziehen und zerren; Kinder wollen von sich aus lernen und immer neue Fähigkeiten entwickeln. Sie brauchen aber Eltern, die ihre Entwicklungsschritte unterstützen. Die Eltern oder Erziehungspersonen sind der **sichere Hafen** für die Kinder – dort tanken sie Zuwendung, Anerkennung und Beruhigung. Von diesem Hafen aus geht's dann wieder hinaus in die Welt, die erkundet und erforscht wird. Sobald die Welt

Kreis der Sicherheit

Wie Eltern auf die Bedürfnisse ihres Kindes achten

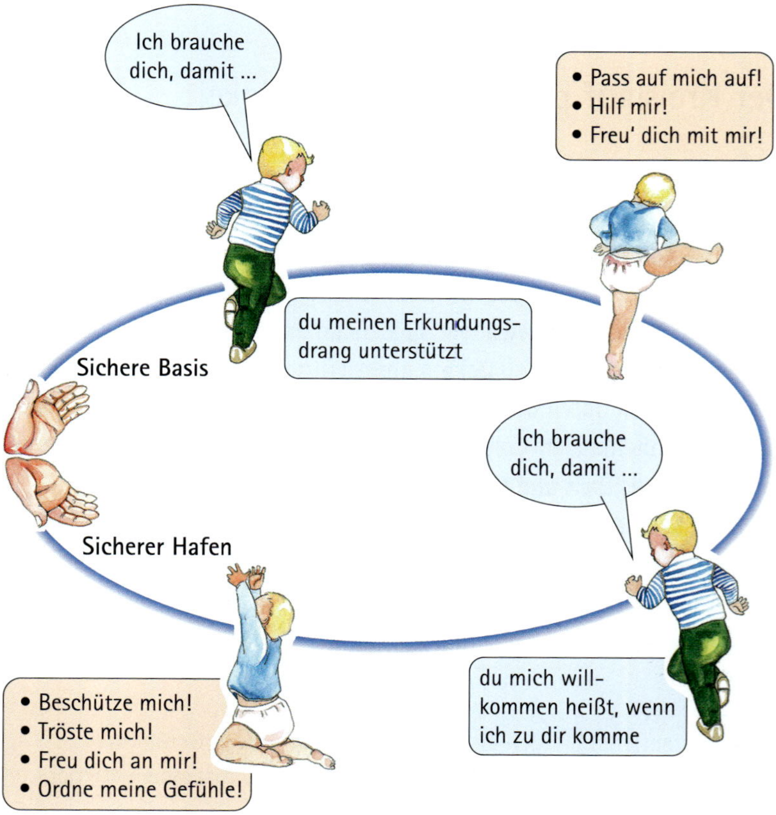

Immer: Sei größer, stärker, klüger und liebenswürdig.
Wenn möglich: Folge meinen kindlichen Bedürfnissen.
Wenn nötig: Übernimm die Leitung.

Kreis der Sicherheit (nach Cooper et al. 2014).

aber gefährlich erscheint oder das Kind an Grenzen gelangt, muss es wieder die Möglichkeit haben, im elterlichen Hafen Geborgenheit und Stabilität zu erfahren. Dort werden dann auch die Erlebnisse verarbeitet, die das Kind in der „weiten Welt" erlebt hat, dafür werden dann Worte gefunden: Der große Hund an der Ecke ist ein Wauwau, der ist nicht gefährlich, wenn das Kind ihn in Ruhe lässt – wenn es aber zu nahe kommt, bellt er und das Kind erschrickt. Das wird hinterher mit der Mama besprochen und verarbeitet. Auf diese Weise eignet sich das Kind die Welt an. Es braucht Menschen, die ihm die Welt vermitteln und deuten.

! Sie können als Mutter oder Vater nicht alles kontrollieren, steuern und in die Wege leiten. Und Sie müssen es auch nicht.

Entwicklungsprozesse vollziehen sich in der Regel auf sinnvolle Weise von ganz allein. Man sollte sie allerdings ein bisschen kennen, verstehen und unterstützen, aber nichts erzwingen oder fordern. Gelingt es, sich auf diese Prozesse einzulassen und darauf zu vertrauen, dass die eigenen Instinkte im Bedarfsfall zur Verfügung stehen, wird die Beziehung zwischen den Eltern und dem Kind gut aufeinander abgestimmt sein. Es geht darum, ein Gefühl für die intuitive elterliche Kompetenz zu entwickeln. Dies ist ein allmählicher Prozess: Sie vertrauen sich selbst immer mehr, dass Sie Ihr Kind verstehen und angemessen reagieren. Sie spielen sich aufeinander ein; die Zufriedenheit und Freude Ihres Kindes überträgt sich auf Sie – und umgekehrt.

Das gemeinsame Spielen macht Eltern und Kind Freude, bei beiden wird das Kuschelhormon Oxytocin ausgeschüttet.

Je besser Sie miteinander zurechtkommen, desto mehr Freude haben Sie miteinander und aneinander. Die Sicherheit und Freude wiederum sorgen dafür, dass Sie etwas entspannter werden und auch mal Fünfe gerade sein lassen können. Eine zufriedene und gelassene Mutter ist das Beste, was einem kleinen Kind passieren kann. Wenn es der Mutter gut geht, geht es in der Regel auch dem Vater und dem Rest der Familie gut. Die Erfahrung von gelingendem Kontakt und von Freude aneinander wird im Engelskreislauf oder dem Kreislauf positiver Gegenseitigkeit dargestellt.

Der Kreislauf negativer Gegenseitigkeit

Nun ist eine Schwangerschaft, die Geburt mit Wochenbett und die frühe Elternschaft mitunter eine Lebensphase, die manche Probleme aktivieren kann. So kann beispielsweise das Kind unerwünscht oder ungeplant sein und alles durcheinanderbringen. Vielleicht sind die Eltern (noch) gar kein stabiles Paar, vielleicht muss die Mutter das Kind ohne Vater aufziehen oder vielleicht wird die Paarbeziehung durch das Kind belastet. Es kann auch sein, dass die Mutter noch sehr jung oder unsicher und manchmal überfordert ist. Vielleicht aktiviert das Baby oder das kleine Kind auch Erinnerungen an die eigene Kindheit mit all dem, was nicht so gut war und was man sich vielleicht anders gewünscht hätte. Die Schwangerschaft und Geburt können überlagert und belastet sein: durch körperliche Erkrankungen der Mutter oder des Kindes, durch Komplikationen in der Schwangerschaft oder bei und nach der Geburt oder durch psychische Belastunen wie Angst, Depression oder Traumatisierung.
Wenn Probleme im Rahmen der Schwangerschaft und frühen Elternschaft auftreten, so kann es passieren, dass diese sehr dominant werden und den Kontakt und die Beziehung zum Kind stören oder sogar verhindern. Wenn die psychischen Belastungen der Eltern sehr stark sind, leidet die intuitive elterliche Kompetenz darunter. Es kann sein, dass wir dann für die Signale, die unser Kind durch Mimik und Verhalten sendet, nicht mehr aufmerksam genug sein können. Wir nehmen beispielsweise das Lächeln unseres Kindes nicht mehr zur Kenntnis oder ignorieren das Geschenk, das uns das Kind

bringt. Damit ist der Kontakt zum Kind nicht unmittelbar und direkt. Was Freude machen könnte, ist nicht mehr spürbar, übrig bleiben nur noch Pflicht und Arbeit.

Die Störung der intuitiven elterlichen Kompetenz lässt sich für Außenstehende daran erkennen, dass die kindlichen Signale häufig nicht mehr *ausreichend differenziert* wahrgenommen werden. Das Repertoire elterlicher

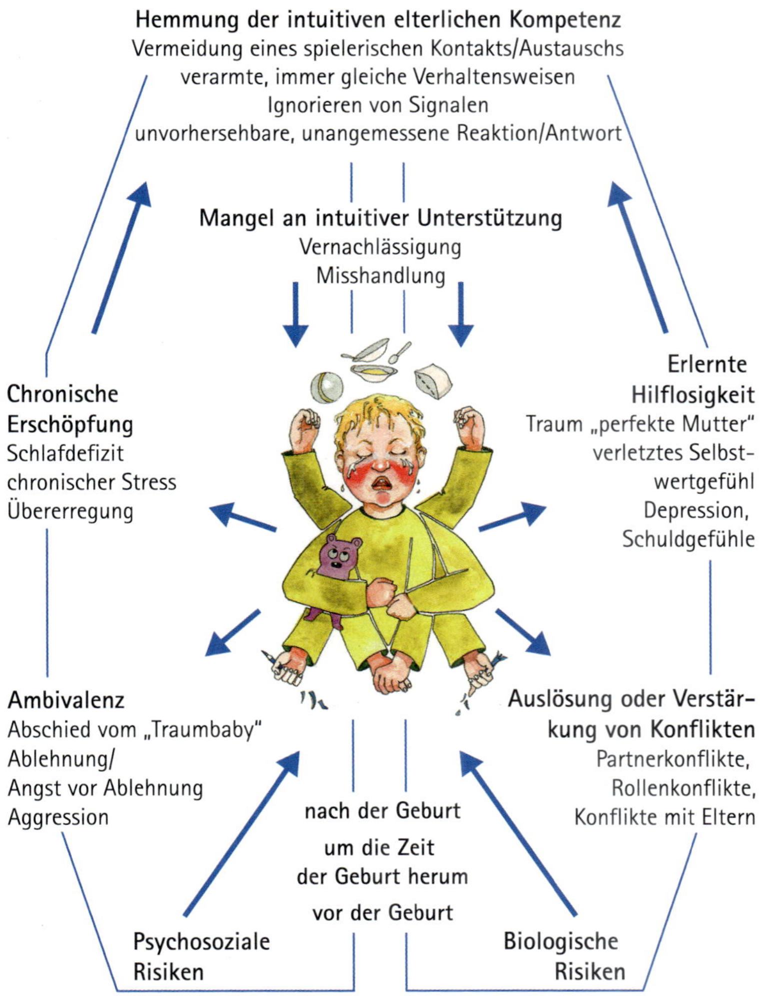

Kreislauf negativer Gegenseitigkeit.

Zuwendung erscheint stereotyp und wenig lebendig. Spielerische, freudvolle und lustvolle Interaktionen finden sich dann sehr selten. Die Mutter erscheint unglücklich, das Kind nimmt die elterliche Grundstimmung auf und erscheint gleichfalls passiv, unlebendig und im Kontaktverhalten schon früh belastet und unglücklich. Das System ist nachhaltig gestört.
Wenn sich in den ersten Lebenswochen- und Monaten keine gelingende Interaktion entwickelt, so können sich **chronische Regulationsprobleme** wie z. B. exzessives Schreien, Schlafstörungen, Fütterstörungen, frühkindliche Depressionen, Störung der Kommunikation und Angstzustände sowie eine Fülle von psychosomatischen Störungen entwickeln. Die Regulationsstörungen des Kleinkindalters werden im Kindergarten- und Schulalter häufig als ADHS zu bemerken sein und in der Pubertät als Anpassungsschwierigkeiten in verschiedenen Zusammenhängen. Somit ist es von großer langfristiger Bedeutung und Nützlichkeit, wenn Strategien feinfühliger Kommunikation in Familien, aber auch Kindergärten und Kindertagesstätten eingeübt werden.

ÜBUNGEN

Den Atem spüren

Bitte setzen Sie sich an einen ruhigen Ort und nehmen Sie sich bewusst etwas Zeit, um ein wenig zur Ruhe zu kommen, den Körper zu spüren und nach innen zu lauschen.
Wenden Sie Ihre Aufmerksamkeit Ihrem Atem zu und spüren Sie, wo Sie ihn jetzt am besten wahrnehmen können. Sobald Sie in Kontakt mit Ihrem Atem sind, sind Sie im Kontakt mit Ihrem unmittelbaren inneren Erleben und mit Ihrer Lebendigkeit. Wenn Sie in Kontakt mit Ihrem Atem sind, so sind Probleme nicht mehr so stark und Gedanken nicht mehr so wichtig. Nicht immer ist es leicht, den Atem im Körper zu spüren. Wo ist jetzt im Moment Ihr Atem zu beobachten? Wo ist eine Atembewegung in diesem Augenblick zu entdecken?
Dies kann z. B. im Bereich der Bauchdecke sein, die sich beim Einatmen hebt und beim Ausatmen senkt. Möglicherweise fällt es Ihnen aber leichter, das Strömen der Atemluft an den Nasenlöchern zu beobachten. Dabei lässt sich beobachten, mit welcher Intensität die Luft gerade vorbeiströmt, wie lange das jeweilige Einatmen oder Ausatmen andauert und wie lange die Pause zwischen den Atemzügen ist. Bitte beobachten Sie ganz genau, wann Sie einatmen und wann Sie wieder ausatmen. Bleiben Sie beim Atemvorgang, solange dieser andauert. Bei der vollen Länge des Einatmens und der vollen Länge des Ausatmens. Beobachten Sie die Atemwende nach dem Einatmen, wenn der Atem anfängt auszuströmen. Nach dem Ausatmen gibt es meist eine kleine Pause, eine kurze Atemstille. Dieser kurze Moment nach dem Ausatmen ist ein sehr friedlicher Moment. In diesem kleinen Augenblick gibt es keine Unruhe oder Bedürfnisse. Für einen Moment ist alles still und gut, wie es ist. Es lohnt sich, diesen Moment nicht zu verpassen und in ihn hinein zu entspannen.
Nun folgt wieder der nächste Atemimpuls und Sie beobachten wieder, wie der Atem einströmt, bis ein Moment der Sättigung erzielt ist, und wie sich nach der Atemfülle wieder die Ausatmung ereignet.
Im Folgenden wird jeder einzelne Atemzug in all seinen Qualitäten wahrgenommen und jeder Moment des Atemprozesses genau erlebt.
Für Anfänger kann es hilfreich sein, die Atemzüge zu zählen. Zählen Sie 10 Atemzüge jeweils von 1 bis 10. Falls Sie zwischendrin abdriften, fangen Sie wieder bei 1 an.
Lassen Sie sich nun einige Minuten auf diese Atembeobachtung ein, spüren Sie den Atem, der bei jedem Atemvorgang etwas anders ist und jeweils eine etwas andere Qualität hat. Vertrauen Sie Ihrem Atem, lassen Sie sich auf den Atem ein, auf seine Lebendigkeit, seine Intimität und auf seine Unterschiedlichkeit.

Wenn Gedanken, Gefühle oder Impulse auftauchen, so ist es gut möglich, dass Sie davon abgelenkt oder weggetragen werden. Das ist absolut normal. Sobald Sie aber bemerken, dass Sie in Gedanken und Gefühlen verstrickt sind, so kehren Sie wieder zum Atem zurück.

Dies ist ein Vorgang, der sich immer wiederholt. Auf den Atem achten, abschweifen, das Wegdriften bemerken und sich erneut auf den Atem fokussieren. Sobald Sie erkennen, dass Sie den Fokus des Atems wieder aus Ihrem Bewusstsein verloren haben und zurückkehren zum Atem, sind Sie achtsam.

Lieber hören statt lesen?

Diese Übung finden Sie auch als Audiodatei zum Download unter www.schattauer.de/3099.html

5 Die Bindung zwischen Eltern und Kindern

Da ein Säugling nach seiner Geburt alleine nicht überlebensfähig ist, braucht er eine **Bezugsperson**, die sich zuverlässig um ihn kümmert. Bevor künstliche Babynahrung industriell hergestellt werden konnte, war es normal, dass die Mutter das Kind gestillt und dadurch am Leben gehalten hat. Das Kind war somit existenziell auf die Mutter angewiesen und hat auf jeden Fall eine Bindung zu seiner Mutter entwickeln müssen, um sein eigenes Überleben zu sichern. Das Bindungsverhalten ist also eine biologische Notwendigkeit und kann auch nicht unterdrückt werden. Es äußert sich durch **instinktive Signale**, die das Baby aussendet, sobald es Zuwendung, Schutz und Unterstützung braucht. Solche Signale sind z. B. Weinen (in verschiedenen Intensitätsgraden), das Hochstrecken der Ärmchen, um zu vermitteln, dass es auf den Arm genommen werden will, aber auch andere mimische und körpersprachliche Signale, die jeweils etwas anderes ausdrücken.

Bindungsverhalten des Kindes

Das Neugeborene entwickelt eine ganz spezielle, unverwechselbare Bindung zu seinen Eltern oder anderen nahen Bindungspersonen. Üblicherweise ist die Mutter die erste Bindungsperson, insbesondere wenn sie das Kind stillt. Das Kind bindet sich aber auch an andere Familienmitglieder und zur Verfügung stehende Menschen: Vater, Großeltern, Geschwister und auch Betreuer in der Kita, Nachbarn, Freunde. Üblicherweise gibt es aber eine Hauptbindungsperson, an die sich das Kind wendet, wenn es Angst hat, sich schämt oder größere Nöte hat.
Es ist wichtig zu verstehen, dass der Bindungsprozess ein biologischer Prozess ist, der bei Kindern zwangsläufig und automatisiert abläuft. Der Aufbau der Bindung zur Bezugsperson ist für den Säugling, wie für andere Säugetie-

re auch, lebenserhaltend und überlebensnotwendig. So sorgt dieses Instinktverhalten dafür, dass sich junge Affen an ihre Mütter klammern, Rehkitze ihren Müttern folgen und Jungtiere im Schwarm nicht zurückgelassen werden. Die Säugetiere und auch die kleinen Menschen senden spezifische Signale aus, wenn sie hungrig, müde oder ängstlich sind, und veranlassen durch diese Signale, dass sich die Eltern fürsorglich um sie kümmern und sich ihrer annehmen.

Körperkontakt fördert eine sichere Bindung.

Bestimmte kindliche Signale lösen bei Erwachsenen positive Gefühle und Fürsorgeverhalten aus. Dieses **„Kindchenschema“** besteht aus hoher Stirn, großen Augen, kleinem Näschen und kleinem roten Mund. Wenn dann noch ein Tränchen in den Augen schimmert oder ein kleines Lächeln zu erahnen ist, dann empfinden das viele Menschen als süß und anziehend. Ihr Fürsorgesystem wird aktiviert und versetzt sie in einen freundlichen, offenen und zugewandten Zustand. Andere Formen von Bindungssignalen sind mimischer oder körpersprachlicher Natur. Wenn das Kind die Mutter anlächelt, so gewinnt es meist ihr Herz und löst bei ihr Freude, Liebe und Glück aus.

> **!** Die Natur hat auf großartige Weise dafür gesorgt, dass die mühsame Arbeit der Brutpflege durch glückliche Gefühle belohnt wird.

An wen bindet sich das Kind?

In der Regel bindet sich das Kind an diejenige Bezugsperson am stärksten, welche am feinfühligsten mit ihm umgeht, das heißt seine Signale am sensibelsten wahrnimmt, korrekt interpretiert und prompt sowie angemessen darauf reagiert. Die Hauptbindungsperson muss nicht die Mutter oder der Vater sein. Es kann auch die Großmutter oder der Großvater, eine Schwester, eine Erzieherin oder eine Nachbarin sein. Kinder können zu verschiedenen Bezugspersonen Bindungen entwickeln, auch wenn es häufig eine Hauptbezugsperson (meist die Mutter) gibt. Somit können unsichere Bindungen teilweise ausgeglichen werden.
Die Qualität der frühen Bindungserfahrung bestimmt maßgeblich die künftige Beziehungsgestaltung im Leben. Wenn ein Kind **Vertrauen** entwickeln konnte, dass es von seinen frühen Bezugspersonen gehalten, verstanden und versorgt wird, so kann es meist auch im weiteren Leben vertrauensvolle Beziehungen eingehen. Damit kann die Beziehung zu weiteren Bezugspersonen, wie z. B. den Erzieherinnen, zu Freunden und künftigen Partnern gut gelingen. Aufgrund der großen Bedeutung der frühen Beziehungserfahrung lohnt es sich, Zeit, Geduld und Aufmerksamkeit auf diese Prozesse zu lenken.

Gute Nähe macht glücklich

Die Sexualität selbst und der spätere Nestbau, das Stillen, die Körperpflege und soziale Interaktion mit einem Baby oder kleinen Kind sind meistens mit Lust und Freude verbunden. Wir haben ja schon gehört, dass das Kuschelhormon Oxytocin hierbei eine wichtige Rolle spielt. Wir haben als Menschen nicht nur die Fähigkeit, kritisch oder logisch nachzudenken, sondern auch einfühlend, mitfühlend und fürsorglich zu sein.
Die Mutter-Kind-Bindung (und auch die Vater-Kind-Bindung) klappt überwiegend natürlich und instinktiv. Die Natur hat dafür gesorgt, dass diese Fürsorgesysteme funktionieren und damit das Überleben des Nachwuchses sichern. Man muss sich das meist nicht bewusst vornehmen oder sich besonders dafür anstrengen. Man könnte somit sagen, dass die Liebe zum Kind eigentlich *automatisch* entsteht, wenn wir mit unseren Gedanken und Meinungen diese instinktiven Prozesse nicht stören oder verhindern.

Bindung unter erschwerten Bedingungen

Bei einigen Eltern gibt es aber doch Schwierigkeiten hinsichtlich ihrer Beziehungsgestaltung mit ihren Kindern. Es ist wichtig zu verstehen, warum das so ist und wie sich diese Hindernisse überwinden lassen. Wenn die Mutter beispielsweise eigene psychische Probleme hat, dann ist sie vielleicht so sehr mit sich selbst beschäftigt, dass sie die Signale ihres Kindes nicht wahrnehmen kann, oder sie ist so erschöpft oder überfordert, dass die kindlichen Bedürfnisse nur noch als weitere Belastung empfunden werden. Das Kind reagiert auf solche Erfahrungen, indem es sich in seinem eigenen Verhalten an die belastete Bezugsperson anpasst und alles erdenklich Mögliche machen wird, um die Bindung als überlebensnotwendige Beziehung nicht zu gefährden.

Es ist manchmal herzerweichend zu sehen, was Kinder alles für ihre Eltern tun, damit diese sie lieb haben – auch für Eltern, die nicht fürsorglich oder liebevoll sind. Diese Kinder stellen kaum Ansprüche, versuchen so lieb wie nur möglich zu sein, versorgen die Eltern mit Süßigkeiten und Bier und verzeihen auch Gewalt und Ungerechtigkeit. Im Zweifelsfall glauben die

Kinder, dass sie Strafe oder Gewalt verdient hätten, da sie so böse seien. Sie müssen das glauben, um die Bindung zu dem versorgenden System, von dem sie abhängen, nicht infrage zu stellen.
Selbst bei schweren Vergehen wie beispielsweise sexuellem Missbrauch wird das Kind zunächst eher bei sich selbst die Schuld für solche Vorkommnisse suchen als bei dem betrunkenen Vater oder der Mutter, die wegschaut.

! Das Kind verhält sich so, dass es die Bindungsbeziehung zu den Erwachsenen, von denen es existenziell abhängt, unter keinen Umständen gefährdet.

Lieber nimmt es eigenes, psychisches Leiden in Kauf, als die eigenen Eltern infrage zu stellen. Schlechte Eltern sind – aus Sicht des Kindes – immer noch besser als keine Eltern. Lieber Eltern, die prügeln und schreien, als Eltern, die einen verlassen.

Bindungstypen bei Kindern

In der Bindungsforschung kann man vier Formen von Bindungstypen unterscheiden. Diese sind recht klar zu erkennen. Bei kleinen Kindern zwischen 12 und 18 Monaten kann man das Bindungsverhalten im Rahmen einer standardisierten Untersuchungssituation, der sogenannten **„Fremden Situation“** diagnostizieren. Es handelt sich dabei um ein Vorgehen, bei dem die Mutter das Kind in einer fremden Situation kurze Zeit einer fremden Person überlässt. Man beobachtet, wie das Kind auf das zeitlich sehr kurze Verschwinden der Mutter reagiert und ob es sich von einer Fremden trösten lässt. Im zweiten Teil der Untersuchungssituation ist das Kind für einige kurze Momente allein und man beobachtet, wie das Kind diese Situation aushält, und dann beobachtet man besonders, wie das Kind nach der Trennung wieder auf die Mutter reagiert.

! Beim Fremde-Situation-Test wird künstlich Stress für das Kind erzeugt, der sein bindungssuchendes Verhalten und sein spezifisches Bindungssystem aktiviert.

In der Not- und Stresssituation wird bei dem Kind – ob es will oder nicht – sein **Bindungssystem** aktiviert und es reagiert auf seine Weise, indem es entsprechend eines charakteristischen Bindungsmusters reagiert. Diese Untersuchungsmethode wurde von Mary Ainsworth in den 1970er-Jahren entwickelt. Dadurch lassen sich vier unterschiedliche Bindungstypen unterscheiden:

- die sichere Bindung
- die unsicher-vermeidende Bindung
- die unsicher-ambivalente Bindung
- die desorganisierte, chaotische Bindung

Die Bindungsforschung hat wesentlich dazu beigetragen, die Beziehung zwischen Eltern und Kindern besser zu verstehen und auch manche Fehler in der Betreuung von Kindern zu vermeiden. Sie ist psychotherapeutisch von großer Bedeutung, da viele psychische Besonderheiten vor dem Hintergrund der jeweiligen Bindungsorganisation zu verstehen und zu behandeln sind.

Untersuchungen zum Bindungsverhalten

Um die Bindungsorganisation eines Kindes zu „diagnostizieren", setzt man das Kleinkind einem „Stresstest" aus, in welchem sein Bindungssystem aktiviert wird und es sein typisches Muster zeigt. Dazu kommt es mit seiner Mutter in einen Raum mit Spielzeug. Nach einer gewissen Zeit gesellt sich eine fremde Frau zu Mutter und Kind und die Mutter verlässt den Raum. Dabei wird von außen beobachtet, wie das Kind mit dieser ungewohnten und beängstigenden Situation umgeht. Um den Stress für das Kind und dessen Bindungssystem noch weiter zu erhöhen, verlassen zu einem späteren Zeitpunkt sowohl die fremde Frau als auch die Mutter den Raum und lassen das Kind für einige Minuten allein. Interessant für die Forschung ist das Verhalten des Kindes, wenn es verlassen wird, aber auch das Verhalten, wenn die Mutter wieder zurückkommt. Es finden sich dabei typische Muster, die Aufschluss über die Form der Bindungsorganisation geben.

Die „Fremde Situation"

Die Mutter setzt ihr Kleinkind bei dem Spielzeug ab (bis 30 Sek.).

Die Mutter setzt sich auf einen Stuhl und liest eine Zeitschrift (30 Sek.).

Nach spätestens 2 Minuten erfolgt ein Klopfsignal, woraufhin ihr Kind zum Spielen animiert werden soll, wenn es noch nicht spielt.

Die fremde Frau betritt den Raum, setzt sich auf einen Stuhl und schweigt (1 Min.).

Danach erfolgt ein Gespräch zwischen ihr und der Mutter (1 Min.).

Die fremde Frau beschäftigt sich mit dem Kind (3 Min.).

Die Mutter verlässt den Raum und lässt ihre Handtasche zurück (an dieser Stelle wird beobachtet, wie das Kind auf die Fremde reagiert und ob Trennungsprotest eintritt).

Sollte das Kind weinen, beschäftigt sich die fremde Frau mit ihm, ansonsten bleibt sie auf dem Stuhl sitzen.

Die Mutter spricht vor der Tür.

Dann kommt sie herein, nimmt ihr Kind hoch und begrüßt es.

Die Mutter setzt ihr Kind zum Spielzeug und versucht, es zum Spielen zu animieren.

Die fremde Frau verlässt den Raum.

Nach 3 Min. verlässt die Mutter den Raum, lässt jedoch die Handtasche zurück.

Das Kind ist für 3 Min. allein.

Die fremde Frau spricht vor der Tür.

Die fremde Frau betritt den Raum und passt ihr Verhalten dem des Kleinkindes an (z. B. trösten oder mitspielen).

Die Mutter öffnet die Tür, bleibt kurz stehen und hebt ihr Kind hoch.

Die fremde Frau verlässt den Raum.

Der Vorgang wird mit einer Videokamera aufgezeichnet und anschließend bewertet.

Die kindliche Reaktion in den Trennungs- und Wiedervereinigungsmomenten zeigen spezifische Bindungstypen, die gut zu diagnostizieren sind. Es handelt sich um die sichere, die unsicher-vermeidende, die unsicher-ambivalente und die desorganisierte Bindungsorganisation.

Sichere Bindung

„Es ist schön, beisammen zu sein!"

Sicher gebundene Kinder entwickeln aufgrund von elterlicher „Feinfühligkeit", welche durch nachvollziehbares Verhalten gekennzeichnet ist, eine große Zuversichtlichkeit in Bezug auf die Verfügbarkeit der Bindungsperson. Diese Kinder weinen meist im Rahmen von Stress- und Trennungssituationen und zeigen ihr Empfinden klar und deutlich.

! Sicher gebundene Kinder zeigen ihre ängstlichen und bedürftigen Gefühle deutlich; dadurch vermitteln sie, wie es ihnen gerade geht und können gut verstanden werden.

Sie akzeptieren meist (aber nicht immer) vorübergehend Trost von Außenstehenden. Obwohl die Trennung bei diesen Kindern also mit negativen

Gefühlen verbunden ist, vertrauen sie darauf, dass die Bindungsperson sie im Bedarfsfall nicht im Stich lassen wird. Die Bindungsperson erfüllt in einer derartigen Bindung die Rolle eines „sicheren Hafens“, der Schutz bieten wird, wenn das Kind das braucht. Wenn die Mama weggeht, sind sie traurig darüber und zeigen ihren Kummer deutlich, indem sie weinen, zur Türe gehen und nach ihrer Mutter verlangen. Wenn die Mama oder eine andere Bindungsperson wieder da ist, lassen sie sich auf den Arm nehmen und rasch trösten.

Es ist wichtig zu verstehen, dass eine sichere Bindung nicht dadurch gekennzeichnet ist, dass die Beziehung immer schön ist oder frei von Spannungen oder Kummer. Das ist nicht der Fall. Spannungen, Kummer, Missverständnisse und Frustration sind unvermeidlich. Der entscheidende Punkt bei der sicheren Bindung ist, dass die jeweiligen Gefühle (Angst, Trauer, Unsicherheit, Wut) ausgedrückt werden und mit der Bezugsperson geteilt werden. Das Kind frisst den Kummer oder die Wut nicht in sich hinein, sondern drückt seine Gefühle unmittelbar und direkt aus und kann dadurch verstanden werden. Die Mutter oder der Vater und auch andere Bezugspersonen können das Kind somit auch in schwierigen Momenten begleiten und die Gefühle mit ihm teilen. Sie erkennen, wie es dem Kind gerade geht und können recht schnell darauf reagieren. Somit ist das Kind nicht einsam. Ferner macht es die Erfahrung, dass seine Gefühle in Ordnung sind.

Unsicher-vermeidende Bindung

Die hier beschriebenen Kinder reagieren bei Aktivierung ihres Bindungssystems unter Stress *vordergründig cool* und *unbeeindruckt*, wenn ihre Mutter oder eine andere Bindungsperson sie vorübergehend verlässt. Auch wenn die Bezugsperson auf Kontaktversuche nicht reagiert, scheinen die Kinder relativ gelassen. Sie spielen weiter, beschäftigen sich selbst und erscheinen bei solchen Stresssituationen auf den ersten Blick weder ängstlich noch ärgerlich über das Fortgehen der vertrauten Bindungsperson. Wenn man diese Kinder aber körperlich untersucht, so zeigt sich, dass sie sehr **hohe Stresspegel** haben, die sich messen lassen, so steigt z. B. der Cortisolspiegel im Speichel, wenn die Mutter den Raum verlässt. Im Gegensatz zu den sicher gebundenen Kindern merkt man dieser Gruppe von Kindern ihren

„Ich komm' alleine klar!"

Kummer kaum an, da sie ihn nicht zeigen. Sie weinen nicht, sie laufen nicht zur Tür, sie schreien nicht, sondern erscheinen gefasst und ruhig, aber ihr Herzschlag beschleunigt sich und die Stresshormone steigen. Kommt die Bindungsperson zurück, wird sie oft ignoriert. So wenig die Kinder beim Weggehen ihren Schmerz zeigen konnten, so wenig zeigen sie bei der Wiedervereinigung ihre Erleichterung und Freude.

Unsicher-vermeidend gebundenen Kindern fehlt die Zuversicht bezüglich der Verfügbarkeit der Bezugsperson. Sie haben irgendwie die Erwartungshaltung entwickelt, dass ihre Nähewünsche nicht so ernst genommen werden oder auf Ablehnung stoßen. Vielleicht haben sie sogar schon die Überzeugung entwickelt, dass sie keinen Anspruch auf Liebe und Unterstützung haben und sich selbst um sich kümmern müssen. Dieses Bindungsmuster ist bei Kindern zu beobachten, die häufig Zurückweisung erfahren oder deren Wünsche nicht wahrgenommen werden. Solche Kinder finden einen Ausweg aus der belastenden und bedrohlichen Situation durch **Beziehungsvermeidung**. Es ist weniger belastend, alleine zurechtzukommen als immer wieder enttäuscht und missverstanden zu werden.

Unsicher-ambivalente Bindung

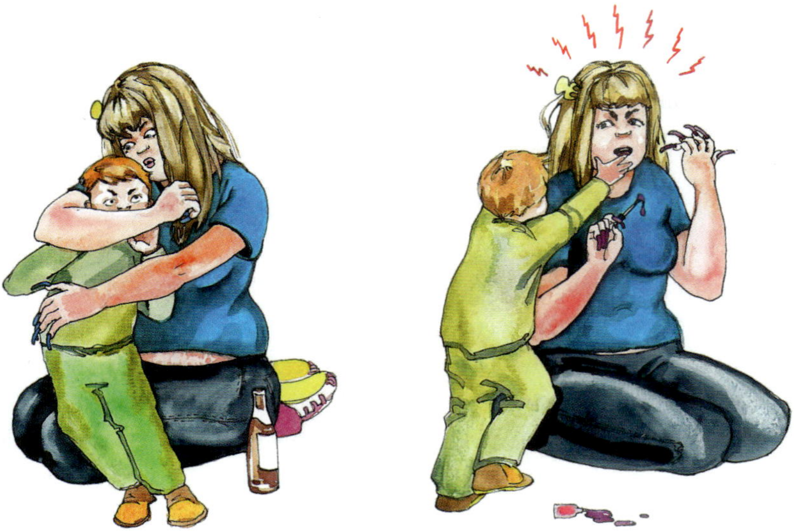

„Komm her – geh weg!"

Kinder mit einem unsicher-ambivalenten Bindungsmuster zeigen ein *widersprüchliches, zwiespältiges Verhalten*, welches in der Regel eine Reaktion auf entsprechende widersprüchliche Signale ihrer Familienangehörigen ist. Typisch für diese Form der Beziehungsgestaltung ist, dass das Kind Nähewünsche signalisiert, indem es beispielsweise zeigt, dass es auf den Arm genommen werden will oder Zuwendung und Aufmerksamkeit sucht. Sobald aber die Mutter oder eine andere Bindungsperson auf die Wünsche des Kindes eingeht und sich zuwendet, wendet sich das Kind wieder ab und verhindert, dass eine entspannte Nähe entsteht. Es vermittelt dann beispielsweise, dass es wieder runter vom Arm will, es wird vielleicht steif und abwehrend und entwickelt neue und andere Wünsche. Es kommt somit nicht zu einer guten und entspannten Nähe, mit der sich beide – Eltern und Kind – wohlfühlen, sondern irgendwie passt es nie so richtig. Die Nähe und der Kontakt erzeugen keine Freude, sondern bleiben irgendwie unangenehm.

Ein solches Verhalten entsteht als Reaktion auf entsprechende Umwelterfahrungen. Die Hauptbezugsperson reagiert für das Kind **nicht zuverlässig, nachvollziehbar** und **vorhersagbar**. So kann die Mutter oder der Vater einerseits mit dem Kind knuddeln wollen und Nähe suchen, kurz danach wird's der Mutter dann aber zu viel und sie stößt das Kind zurück, weil sie jetzt ihre Ruhe will und wieder Abstand braucht.

! Der ständige Wechsel von zugewandtem und abweisendem Verhalten führt dazu, dass das Bindungssystem des Kindes ständig hochgefahren und aktiviert wird.

Das Kind kann schwer einschätzen, wie die Bindungsperson in einer bestimmten Situation handeln oder reagieren wird. Es ist somit permanent damit beschäftigt, herauszufinden, in welcher Stimmung sich beispielsweise die Mutter gerade befindet, was sie will und was sie braucht, damit es sich entsprechend anpassen kann. Dies führt zu einer Einschränkung des Neugier- und Erkundungsverhaltens des Kindes. Es kann keine basale Sicherheit aufbauen, da der sicherere Hafen, der eine wichtige Voraussetzung für Erkundungsverhalten ist, nicht gegeben ist. Das Bindungssystem, das ja evolutionär die Aufgabe entwickelt hat, das Überleben des kleinen Kindes zu sichern und das angestoßen wird, wenn Unsicherheit und Gefahr droht, wird bei diesem Bindungstyp ständig hochgefahren. Ständig muss das Kind auf Bindungssignale der Bezugsperson achten, um darauf zu reagieren und unablässig sendet es selbst Bindungssignale, damit die Mutter irgendwie reagiert. Das Ziel dieser Signale, nämlich das Entstehen einer vertrauten und entspannten Nähe, bleibt aber leider oft aus.

! Das unsicher-ambivalent gebundene Kind bleibt somit oft in einer gewissen erwartungsvollen Erregung stecken, ohne späteren Spannungsabbau durch eine befriedigende Nähe und beruhigende Sicherheit zu erleben.

In der „Fremden Situation" reagieren unsicher-ambivalent gebundene Kinder meist extrem gestresst auf das Weggehen der Mutter, lassen sich aber nicht trösten und beruhigen, wenn die Mutter wiederkommt.

Desorganisierte Bindung

„Ich habe keine Ahnung, wo ich hingehöre!"

Kinder, deren Verhalten diesem Bindungstyp zugeordnet wird, zeigen widersprüchliche, unvorhersehbare Verhaltensweisen und Verhaltensauffälligkeiten. Dazu gehören beispielsweise Stereotypien. Das sind Bewegungen, die sich ständig wiederholen und die das Kind entwickelt hat, um sich selbst zu beruhigen z. B. Schaukelbewegungen, rhythmische Bewegungen und unvollendete oder unvollständige Bewegungsmuster. Desorganisiert gebundene Kinder erschrecken oft, wenn ihre Eltern den Raum nach kurzer Trennung wieder betreten. Man bekommt den Eindruck, dass sie ihren *Eltern nicht trauen.* Meist zeigen sie widersprüchliche Bindungssignale. So können beispielsweise unsicher-vermeidendes und trotzig-widersetzliches Verhalten zugleich auftreten. Es kann vorkommen, dass einige dieser desorganisiert eingestuften Kinder nach ihren Eltern oder Bezugspersonen rufen, wenn sie alleine oder getrennt sind, aber weglaufen, wenn die Eltern dann kommen. Andere reagieren wie gelähmt und/oder drehen sich im Kreis und/oder lassen sich auf den Boden fallen.

In der „Fremden Situation" fallen sie oft durch ihren verängstigten Gesichtsausdruck und ihre hohe Anspannung auf. Sie zeigen beispielsweise eine gewisse **Abwehrbereitschaft** mit hochgezogenen Schultern und angespannten Muskeln. Sie erwecken den Eindruck, als seien sie jederzeit auf dem Sprung, bereit zur Verteidigung oder bereit zum Weglaufen. Es gibt aber auch Kinder, die wie erstarrt erscheinen. Diese **Erstarrung** ist Ausdruck eines extremen Stresserlebens und zugleich einer tief empfundenen **Hilflosigkeit** und **Ausweglosigkeit**. Das Kind wählt den Totstellreflex, weil es nicht mehr ein noch aus weiß und in seiner Ratlosigkeit und Anspannung völlig überfordert ist.

Bindungstypen bei Erwachsenen

Das kindliche Bindungsverhalten wird natürlich maßgeblich durch das Bindungsangebot der Hauptbezugsperson geprägt. Diese erwachsene Person war ja früher selbst einmal ein Kind und hat eines der oben beschriebenen Bindungsverhaltenssysteme entwickelt. Beim Erwachsenen kommt im Umgang mit dem kleinen Kind zunächst die eigene Prägung zum Tragen. Anders als im Kleinkindalter, als wir durch unsere Bezugspersonen in ein bestimmtes Bindungsverhalten „gezwungen" wurden, können wir heute als Erwachsene unsere Beziehungsgestaltung erkennen und auch verändern. Tun wir das nicht, verdammen wir unser Kind unter Umständen dazu, mit uns ähnlich ungute Erfahrungen zu machen, wie wir als Kind gemacht haben. Man spricht in diesem Zusammenhang von **automatisierten transgenerationellen Bindungsmustern**.

> **!** Um aus unguten Verhaltensmustern herauszufinden, kann es für Eltern hilfreich sein, ihr eigenes Bindungsmuster kennenzulernen.

Es ist wichtig, das eigene Bindungsmuster und den eigenen Bindungstyp zu verstehen. Die Bewusstwerdung ermöglicht, dass es nicht zur blinden Wiederholung kommt, sondern dass eigenes Erleben, eigene Impulse und eigene Verhaltensweisen reflektierbar und damit veränderbar werden. Patrizia hat beispielsweise keinen guten Kontakt zu ihrer Mutter erlebt und hat somit Zweifel daran entwickelt, ob ihre Mutter sie jemals lieb hatte und ob sie überhaupt liebenswert ist. Dieser Zweifel ist so stark, dass sie sogar daran zweifelt, ob ihr kleiner Sohn sie lieben kann. Erst wenn sie versteht, dass es ihre eigene Grunderwartung ist, nicht geliebt zu werden, kann sie verstehen, dass sie dieses Muster auf die Beziehung zu ihrem Sohn „überträgt". Wenn sie freier und mit weniger Erwartungsangst auf ihren Sohn blicken kann, wird sie feststellen, dass er sich natürlich völlig anders als ihre Mutter verhält. Dann kann sie ihren Sohn und seine Signale umfassender und genauer sehen.

Im Prinzip sind die Bindungstypen der Erwachsenen denen der Kinder – wie man sie in der „Fremden Situation" beobachten kann, sehr ähnlich.

Sie werden etwas anders benannt und sie sind vielseitiger und komplexer, weil Erwachsene mehr Reaktionsmöglichkeiten haben. Man differenziert folgende Grundtypen der Bindungsorganisation bei Erwachsenen:

- selbstsicherer Bindungstyp
- beziehungsabweisender Bindungstyp
- unsicher-verstrickter Bindungstyp
- von unverarbeitetem Objektverlust/Traumatisierung beeinflusster Bindungstyp
- nicht klassifizierbarer Bindungstyp

Selbstsicherer Bindungstyp

Die erwachsene Person, die in der Beziehung zu ihrem Kind oder einer anderen nahen Person eine sicher-autonome Bindungsform zeigt, erscheint selbstbewusst, einfühlsam und fähig dazu, negative Gefühle eine gewisse Zeit zu ertragen, ohne in hohe Anspannungszustände zu geraten. Sie ist sich sowohl der negativen als auch der positiven Gefühle und Einstellungen gegenüber ihren eigenen Eltern, Beziehungspartnern und Kindern bewusst und reflektiert diese in angemessener Weise und Distanz. Eltern mit einer solchen Bindungseinstellung haben entweder als Kinder selbst sichere Bindungserfahrungen gemacht oder sie haben solche guten Bindungserfahrungen im Laufe des Lebens mit anderen Menschen entwickelt, z. B. mit Partnern, nahen Freunden oder auch im Rahmen einer Psychotherapie.

! Eltern vom selbstsicheren Bindungstyp reagieren vorhersehbar auf ihre Kinder und können angemessen auf die Bindungssignale ihrer Kinder eingehen.

Beziehungsabweisender Bindungstyp

Erwachsene mit diesem Bindungsmuster können sich oft kaum an ihre eigene Kindheit erinnern. Sie vermitteln, dass alles gut oder alles total normal war, aber es fällt ihnen schwer, klare Erinnerungen an das Leben in ihrer Kindheit abzurufen. Sie wissen nicht mehr, wie die Atmosphäre am Esstisch war, was man in den Ferien gemacht hat oder was die besonderen Eigenschaften der Eltern waren. Diese **Erinnerungslücken** deuten darauf hin, dass sie viel verdrängt haben. Interessanterweise wird oft berichtet, wie gut die Eltern waren oder wie harmonisch das Familienleben war. Im Gegensatz dazu erscheinen die konkreten Umgangsformen aber eher unfreundlich, desinteressiert oder wenig unterstützend gewesen zu sein. Die „liebe Mutter" hat beispielsweise regelmäßig Ohrfeigen verteilt, der „unauffällige Vater" hat deutlich mehr Alkohol getrunken, als es für ihn und seine Familie förderlich war. Wenn die negativen Erinnerungen ausgeblendet werden, deutet das auf **Verdrängungsmechanismen** hin und auch auf die Schwierigkeit, sowohl das Negative als auch das Positive zu erinnern und zu integrieren.

Die Erwachsenen mit einer distanziert-beziehungsabweisenden Bindungseinstellung neigen dazu, die Bedeutung anderer Menschen und ihrer eigenen Wünsche an andere Menschen herunterzuspielen oder zu verleugnen. Es war nicht so schlimm, dass die Mutter so wenig Zeit hatte, es war auch nicht so schlimm, dass der Vater wenig Interesse an seinen Kindern hatte. Indem die Bedeutung ihrer eigenen Erfahrungen mit den Eltern heruntergespielt wird, werden nahe menschliche Beziehungen als nicht so wichtig dargestellt.

Menschen mit einer derartigen Einstellung sehen sich selbst oft als „Selfmademan" oder „Selfmadewoman", sie haben alles allein geschafft, aus eigener Kraft. Sie zeigen ein sehr großes Unabhängigkeitsbestreben und verlassen sich lieber auf sich selbst als auf andere. Diese Erwachsenen waren als Kinder in der Regel unsicher-vermeidend gebunden. Sie fühlen sich im Kontakt mit anderen oft weniger sicher als mit sich allein.

Wenn Erwachsene mit einem solchen Bindungsmuster eigene Kinder haben, wünschen sie sich, dass die Kinder tough und stark sind und ihnen nicht am Rockzipfel hängen. Solche Eltern helfen den Kindern möglicherweise dabei, gute Sportler oder leistungsorientierte Erfolgsmenschen zu werden, aber es fällt ihnen möglicherweise nicht so leicht, die Bedürfnisse nach Intimität, Trost und vertrauter Nähe zuzulassen und zu befriedigen. Die Kinder werden oft früh unter Leistungsdruck gesetzt; wenn das Kind aber überfordert ist, Angst hat und Beruhigung und Sicherheit braucht, so kann es sein, dass dieser Elterntyp die kindlichen Signale nicht wahrnimmt oder ignoriert.

Unsicher-verstrickter Bindungstyp

Diese Einstellung haben häufig Menschen, die als Kinder eine ambivalente Bindungserfahrung gemacht haben. Schon als Kind war ihr Bindungssystem überaktiv – immer auf der Lauer, immer bemüht, zu verstehen, wie die Mutter oder die aktuelle Bezugsperson gerade tickt oder aufzupassen, dass man nicht zu kurz kommt und nicht schlecht behandelt wird. Erwachsene mit einer verstrickten Bindungseinstellung werden mitunter von den Erinnerungen an die eigene Kindheit flutartig überschüttet und erheblich belastet. Es fällt ihnen schwer, die Probleme und Schwierigkeiten innerhalb der Beziehung zu den eigenen Eltern zu verarbeiten; sie hängen oft noch an den alten Erfahrungen fest und pendeln zwischen widersprüchlichen Gefühlen hin und her. So kann beispielsweise intensive Wut auf die Mutter auftauchen, wenn man sich daran erinnert, dass sie so egozentrisch und vergnügungssüchtig war und gemacht hat, was sie wollte, es können dann aber auch Bewunderung und Idealisierung auftauchen, weil sie so schön war und so viele tolle Männer hatte.

Wenn beim sicheren Bindungstyp auch belastende alte Erinnerungen auftauchen können, wenn man an die eigenen Eltern denkt und von ihnen spricht, so wird doch deutlich, dass die Vergangenheit vorbei ist und dass man von einer sicheren heutigen Position aus die damaligen Gefühle und Erlebnisse reflektiert. Die Vergangenheit und die damit verbundenen Gefühle haben nicht mehr so viel Macht über einen. Die Menschen mit einer verstrickten Bindungsstruktur dagegen sind psychisch oft noch immer abhängig von den Eltern und wünschen sich insgeheim, dass alles doch noch gut wird.

Dieses Beziehungsmuster kann später auf Partner, Arbeitskollegen, eigene Kinder und die Gesellschaft übertragen werden. Man hat hohe Erwartungen, wünscht sich gelingende Beziehungen, aber hat Schwierigkeiten, das Positive wirklich zu spüren und sich davon nähren zu lassen. So könnte es beispielsweise sein, dass man sich öfters ein kleines Zeichen der Zuwendung von seinem Liebsten wünscht; wenn er oder sie dann aber wirklich mal mit einem Blumenstrauß nach Hause kommt, wird das kaum wertgeschätzt. Die Freundlichkeit und Bemühung des Partners wird kaum als solche wahrgenommen.

Von unverarbeitetem Objektverlust/Traumatisierung beeinflusster Bindungstyp

Eltern, die unter einem unverarbeiteten Trauerprozess leiden oder unverarbeiteten Erfahrungen von Misshandlung oder sexuellem Missbrauch, haben häufig Kinder, die ein desorganisiertes Bindungsmuster aufweisen. Viele Menschen haben auf derartige schlimme Erfahrungen mit Rückzug, Vermeidung und einem „Totstellreflex" reagiert. In ihrem inneren Erleben kreisen sie aber häufig noch immer um die unverarbeiteten alten Erfahrungen und finden keine Ruhe vor ihren belastenden Erinnerungen. Somit sind sie in ihren Familien häufig nicht so präsent, aktiv und lebendig, wie das für Eltern kleiner Kinder wünschenswert ist. So spüren die Kinder durchaus die existenzielle Unsicherheit der Mutter, aber sie können nicht verstehen, um welche Art von Angst es sich handelt und wovor sich die Mutter fürchtet. Die Angst bleibt diffus und nicht greifbar.

! Da die Mutter oft unsicher, ängstlich, gehemmt und wenig durchsetzungsfähig ist, kann sie nicht den sicheren Hafen darstellen, den das kleine Kind braucht.
Die Bezugsperson kann keinen Schutz, keinen Halt und keine Sicherheit bieten.

Im Gegenteil – anstatt die erforderliche Basissicherheit für ihre Kinder zu garantieren, kehrt sich in einem solchen Familiensystem die Ordnung um.

Mütter dieses Bindungstyps überlassen ihren Kindern die Führung in der Beziehung in ungewöhnlichem Ausmaß.
Generationsgrenzen werden überschritten und die Kinder fühlen sich in der Pflicht, ihre Eltern zu versorgen und ihr psychisches wie auch körperliches Wohl zu sichern. Dieser Umkehrungsprozess heißt **Parentifizierung** – dabei übernehmen die Kinder die Elternrolle für ihre eigenen Eltern.

Nicht klassifizierbarer Bindungstyp

Solche Muster findet man zum Teil bei süchtigen Eltern, deren Verhalten extrem wechselhaft sein kann – in Abhängigkeit vom Grad der Betäubung oder des Suchtdrucks. Auch Eltern, die eine psychiatrische Erkrankung wie z. B. eine Schizophrenie haben oder auch eine schwere Traumatisierung, können unter Umständen so beeinträchtigt sein, dass sie nicht in der Lage sind, die Signale ihrer Kinder wahrzunehmen und zu verstehen. Sie sind meist mit der Situation so überfordert, dass sie Unterstützung durch Familienhilfe brauchen oder im betreuten Familienwohnen besser zurechtkommen als alleine. Manchmal kann ein solcher Bindungstyp auch bei jungen Müttern auftauchen, die eigentlich noch zu unreif für ein eigenes Kind sind. Sie haben dann zwar ein Kind zu versorgen, lehnen es aber innerlich ab und sind zur Liebe eines Kindes noch nicht bereit. Solche Mütter können neidisch auf ihre niedlichen Babys werden und mit ihnen um die Zuneigung des Partners und Vaters oder der Umwelt konkurrieren. Es kommt manchmal vor, dass solche überforderten Mütter ihre Schwangerschaft gar nicht wahrnehmen oder verleugnen und auch die Bedürfnisse ihres Kindes nicht erkennen. Im schlimmsten Falle lassen sie ihre Kinder alleine oder reagieren ihre eigenen Spannungen an den Kindern ab und werden gewalttätig. Solche Eltern können unter Umständen gefährlich für ihre Kinder werden. Wenn das Jugendamt einschreiten muss, so ist es meist bei Eltern mit diesem Bindungstyp.

ÜBUNGEN

Das Herz öffnen für das Baby und für sich selbst

Wir wissen alle, dass man sein Kind nicht ununterbrochen lieben kann und dass man manchmal, insbesondere, wenn man gestresst und belastet ist, kaum in der Lage ist, sein Kind wahrzunehmen und auf es einzugehen. Es gibt aber in der Regel auch andere Momente und diese sind wichtige Keimzellen für die Entwicklung von Liebe, Glück und innerem Frieden. Man kann diese Momente verstärken und bewusst pflegen und somit sein eigenes Herz noch mehr öffnen, die eigene Liebesfähigkeit Schritt für Schritt entwickeln. Da die Liebe zu anderen und auch zu sich selbst oftmals nicht so einfach und selbstverständlich ist, ist es sinnvoll und wirkungsvoll, sie systematisch zu entwickeln und zu üben. Liebe ist kein Zufall, sondern die Frucht von Bemühung und Übung. Sie können das jetzt ausprobieren:
Denken Sie bitte an einen glücklichen Moment mit Ihrem Kind. Stellen Sie es sich genau vor, wie es aussieht, wenn es zufrieden und entspannt ist. Was für einen Gesichtsausdruck hat es dann? Lächelt es vielleicht? Ist es vielleicht ganz im Spiel versunken oder schläft es friedlich und sicher?

Was löst dies bei Ihnen aus? Vielleicht freuen Sie sich, wenn es Ihrem Kind gut geht. Vielleicht löst das auch in Ihnen ein friedliches und entspanntes Gefühl aus. Vielleicht spüren Sie, dass Sie das Bedürfnis haben, es zu schützen und gut für es zu sorgen. Spüren Sie ganz bewusst, dass Sie in diesem Moment mit Ihrem Kind innerlich verbunden sind und ihm von ganzem Herzen alles Gute wünschen.
Sie können diesen Wunsch, dass es Ihrem Kind gut gehen möge und dass Sie von Herzen wünschen, dass es glücklich ist, bewusst verstärken und wachsen lassen und vielleicht innerlich formulieren: „Ich wünsche Dir, dass es Dir gut geht, dass Du sicher und gesund bist, dass Du Dich wohl fühlst und dass Du glücklich bist."
Spüren Sie, was Sie in Ihrem eigenen Körper erleben, wenn Sie diese Wünsche entwickeln. Manchmal spürt man eine Weitung im Brustbereich oder ein warmes Gefühl im Bauch, manchmal sogar ein Gefühl von Glück und Freude. Verstärken Sie diese liebevollen Gefühle zu Ihrem Kind bewusst etwas mehr. Entwickeln Sie eine bewusste Wunschkraft. Spüren Sie, dass diese auch Sie selbst beeinflusst und einen inneren Raum eröffnet, der sich gut anfühlt. Nehmen Sie wahr, wie Sie die Kraft der Zuneigung in sich wachsen lassen können und auch auf sich selbst richten. Dass Sie auch sich selbst von ganzem Herzen gestatten, sich wohl zu fühlen und glücklich zu sein. Schließen Sie die Übung damit, dass Sie die **Kraft der guten Wünsche** auch bewusst auf sich selbst richten und innerlich sagen: „Ich wünsche mir, dass es mir gut geht, dass ich sicher und gesund bin, dass ich mich wohl fühle und dass ich glücklich bin."

Lieber hören statt lesen?

Diese Übung finden Sie auch als Audiodatei zum Download unter www.schattauer.de/3099.html

6 Gespenster im Kinderzimmer

Die Beziehung zu den eigenen Eltern prägt uns ein Leben lang. Unwillkürlich tauchen **Erinnerungen** daran auf, wie die Eltern sich in bestimmten Situationen und Beziehungen verhielten, wie sie Probleme bewältigten oder scheiterten. Diese frühen und intensiven Bilder werden uns ein Leben lang begleiten und von Zeit zu Zeit auftauchen. Wenn man selbst Mutter oder Vater wird, ist es naheliegend, dass Erinnerungen daran auftauchen werden, wie bestimmte Dinge (z. B. das gemeinsame Essen, Einschlafrituale, Erziehungsstile) in der eigenen Ursprungsfamilie gehandhabt wurden. Solche Erinnerungen können jungen Eltern eine Orientierung geben, sie können dazu beitragen, sich zu überlegen, welchen Erziehungsstil man selbst gut und richtig findet und was man nicht wiederholen will. Wenn die Erinnerungen bewusst und besprechbar sind, dann können sie dazu verhelfen, einen eigenen Standpunkt zu finden. Dabei übernimmt man vielleicht das eine oder andere, das man gut findet, von den Eltern, aber anderes lehnt man ab und bemüht sich um einen eigenen Stil.
Zum Teil wird uns aber nicht bewusst, dass wir manches so machen, wie die Eltern. Wir tun es mechanisch und unbewusst und wiederholen vielleicht etwas, das wir selbst nicht gut finden.

> **!** Wir verhalten uns manchmal genau so wie unsere Eltern, auch wenn wir das nicht wollen.

Bisweilen schieben sich vergangene Beziehungserfahrungen zwischen das Kind und die Eltern und wir meinen, dass sich unsere Kinder wie wichtige Beziehungsfiguren aus unserer Vergangenheit verhalten. Der Blick auf unser eigenes Kind kann durch eigene Vorstellungen und Gefühle vernebelt werden. Zum Beispiel könnten wir glauben, dass unser Kind die gleichen Bedürfnisse und Wünsche wie wir selbst hat. Wir geben dann dem Kind viel zu viel zu essen. Es wird dick und unbeweglich. Wir haben es nur gut gemeint, aber nicht erkannt, dass es nicht die kindlichen Bedürfnisse sind, die wir erfüllen, sondern unsere eigenen oder die unseres eigenen **inneren Kindes**.

Die Erkenntnis, wie unsere eigene Erfahrung als Kind unser Verhältnis zu unseren Kindern prägt, ist wichtig. Das Verständnis darüber kann befreiend und klärend sein und einen guten Kontakt zum Partner und Kind ermöglichen. Nicht immer ist es einfach, sich selbst zu erkennen und zu verstehen. Unter Umständen braucht es für die Einsicht in gewisse Zusammenhänge psychotherapeutische Begleitung.

Mein Kind ist wie meine Mutter/wie mein Vater

Es gibt Blicke und Gesten, Bewegungen und Begabungen, die uns an andere Menschen erinnern: „Er spielt Fußball wie mein Bruder." „Sie kann so gut backen wie meine Oma." „Er ist genauso streng wie mein Vater." Solange uns bewusst ist, dass wir selbst den Vergleich herstellen, solange ist das unproblematisch. Wenn aber gedacht wird: „Er ist genauso streng wie mein Vater, also ist er wie mein Vater", dann wird eine Übereinstimmung angenommen, die dem anderen ein Bild aufdrückt, das es schwierig macht, ihn unvoreingenommen zu betrachten. Wenn z. B. ein Mensch als unsympathisch eingestuft wird, weil er oder sie negativ an jemanden erinnert, dann wird man sich meist nicht mehr die Mühe machen, ihn besser kennen zu lernen oder das eigene Vorurteil zu überprüfen. – Was aber, wenn es sich dabei um das eigene Kind handelt?

Dies kann passieren, wenn bestimmte tief sitzende Erinnerungen durch das Kind ausgelöst werden. Eine Frau, die z. B. von dem Kindsvater verlassen wurde, kann durch bestimmte Blicke, Verhal-

Manchmal erinnert mich mein Kind an meine Mutter.

tensweisen oder äußerliche Merkmale an den Mann erinnert werden. Sie kann dann vielleicht dazu kommen, zu ihrem 3-jährigen Sohn zu sagen: „Du bist genau wie dein Vater!“ Es ist dann möglich, dass sie den kleinen Jungen unfreundlich oder vorwurfsvoll behandelt und nicht mehr unvoreingenommen wahrnehmen kann.

Wer sich von seinen Eltern eher abgelehnt gefühlt hat oder wessen Eltern abweisend und kühl waren, wird sich von einem (berechtigten) Rückzugsverhalten der eigenen Kinder möglicherweise an seine Mutter bzw. seinen Vater erinnert fühlen und in eine Stimmung verfallen, die früher öfter vorkam: „Ich werde nicht gemocht, man lehnt mich ab, niemand mag mich.“ Das Verhalten des Kindes löst eine Fülle schwieriger Erinnerungen aus und das kann zur Annahme führen, dass das eigene Kind einen nicht mag und vielleicht ablehnt.

Thorsten fühlt sich von Anna-Lena an seine herrische Mutter erinnert

Anna-Lena, die inzwischen 2-jährige Tochter von Thorsten und Sandra, hat sich zu einem lebhaften und pfiffigen Mädchen entwickelt. Jetzt erwartet die Familie ein weiteres Kind in drei Wochen. Sandra braucht jetzt mehr Ruhe und Thorsten hat sich bewusst Zeit genommen, um seine Frau zu unterstützen und um sich noch mehr um Anna-Lena zu kümmern. Die beiden kommen auch gut klar. Sie schauen sich abends gerne Bilderbücher an oder machen noch einen Spaziergang zur nahe gelegenen Weide, wo Anna-Lena ein kleines Pony streicheln darf.

Manchmal ist Anna-Lena allerdings bockig. Sie hat dann ihre eigenen Vorstellungen davon, was sie spielen will, was sie essen will und was sie anziehen will. Wenn ihr Papa sie dann versorgen will, macht sie sich steif und schaut ablehnend und unzufrieden.

Thorsten kommt es dann so vor, dass seine Tochter genauso herrisch und unfreundlich wie seine Mutter schaut. Er hat in diesen Momenten den Eindruck, dass er machen kann, was er will und trotzdem keinen guten Kontakt zu Anna-Lena findet. Er wird traurig und mutlos und möchte sich zurückziehen.

Wenn er seine Gefühle genauer zulässt, so spürt er, dass er sich wie früher fühlt, als seine Mutter ständig an ihm herummeckerte und nie zufrieden war.

Meinem Kind soll es an nichts mangeln

Wenn man selbst manches entbehrt, so kann es geschehen, dass man als Mutter oder Vater den Entschluss fasst, dass man seinem eigenen Kind solche schwierigen Erfahrungen ersparen will. Gerade da man Not und Mangel kennt und weiß, wie belastend das war, will man das Kind davor schützen. So kann es vorkommen, dass das Kind sehr schnell getröstet, gefüttert, geknuddelt oder „bespielt“ wird. Kaum zeigt das Baby oder Kleinkind einen Impuls, ist er auch schon befriedigt. Ein neugeborenes Baby braucht in der Tat Eltern, die seine Bedürfnisse feinfühlig registrieren und erfüllen. Wenn das Kind aber älter wird, muss es warten lernen und es auch aushalten, dass nicht alle Wünsche erfüllt werden. Wenn die Eltern das Kind nicht manchmal frustrieren können, dann lernt das Kind nicht, wie es mit Versagungssituationen umgehen kann.

Der Hintergrund des mütterlichen oder väterlichen **verwöhnenden Verhaltens** ist meist, dass sie sich selbst mit ihrem Kind „verwechseln“. Wenn das Kind weint, so ruft das eigene leidvolle Erinnerungen wach; der Trost, den man dem Kind zukommen lässt, gilt dann nicht ausschließlich diesem, sondern auch sich selbst. Über das Kind tröstet und verwöhnt man sich selbst. Solche Momente der Befriedigung eigener Bedürfnisse über das Kind gehören in jede Eltern-Kind-Beziehung und sorgen für Spaß und gemeinsame Freude. Das eigene „innere Kind“ kann nochmals lebendig werden und manches nachholen. Wichtig ist aber auch hier, dass man das erkennt und manchmal auslebt, aber nicht automatisch und alternativlos alle kindlichen Wünsche oder eigenen Wünsche erfüllt.

Bockigkeit aushalten, statt sie mit Süßigkeiten zuzuschütten

Hilfreicher für das Kind ist es, wenn die Eltern es immer wieder **„optimal frustrieren“** – entsprechend dem Lebensalter und der Einsichtsfähigkeit. So kann man beispielsweise im Supermarkt am Süßigkeitenregal vorbeigehen und nichts kaufen. Den Protest und das Quengeln hält man verständnisvoll aus und demonstriert damit dem Kind, dass man seine Wünsche und seine Enttäuschung nachvollziehen kann. Es erhält Beistand in seinem Kummer und auch für Ärger und Bockigkeit ist Raum. Selbst wenn die kindlichen

Gefühle manchmal anstrengend sind, ist es sinnvoll, sie nicht zu unterdrücken. Man muss sie nicht gutheißen, aber es lohnt sich, sie zumindest kurz anzuerkennen und darauf einzugehen. Dadurch fühlt sich das Kind in seiner Frustration verstanden und es hilft dem Kind auch, negative Gefühle ertragen zu lernen.

Wir sind eine Einheit

Manchmal gehen Eltern in einer fast selbstverständlichen Weise davon aus, dass ihr Kind oder ihre Kinder genau das Gleiche empfinden, erleben oder wollen wie sie selbst. Sie **identifizieren** sich mit ihrem Kind und sehen mancherlei Eigenschaften in dem Kind, die sie von sich selbst kennen. Die Mutter geht dann beispielsweise davon aus, dass das Kind ihr im Wesen, im Charakter ähnlich ist und genau das Gleiche mag wie sie selbst. Der Vater wird möglicherweise darauf hinweisen, dass der Junge so ein begabter Fußballer oder kraftvoller Athlet wie er selbst ist.
Was zunächst wie eine normale familiäre Verbundenheit oder rührender Vaterstolz erscheint, kann aber eine problematische Dynamik entwickeln. Das Kind wird dann zu einem Teil von einem selbst und soll auch manches tun und erfüllen, das man selbst nicht erreicht hat. Es wird dann möglicherweise nicht mehr von „ich“ und „du“ gesprochen, sondern es gibt nur noch ein gemeinsames „wir“.

Eigene Wünsche und Bedürfnisse des Kindes zulassen

Natürlich entwickelt man als Familie eine eigene Identität, die sich durch ein gewisses Gemeinschaftsgefühl auszeichnet und durch bestimmte Regeln und Stile ausweist: „Wir Müllers gehen in die Kirche.“ „Wir Mayers kaufen nur im Bioladen.“ „Wir Schulzes sind sportlich und stehen morgens zeitig auf.“ Es kann aber passieren, dass die Definition dessen, wie eine Familie oder wie das Kind ist und zu sein hat, nicht mit der Realität übereinstimmt. Vielleicht hat der potenzielle Fußballstar überhaupt kein Ballgefühl und würde viel lieber ein Buch lesen; vielleicht möchte das Kind etwas anderes machen oder sein als die Eltern. Wenn dieses kindliche Anders-Sein nicht wahrgenommen wird, sondern nur die elterliche Vorstellung davon, wie das Kind ist oder sein soll, so stellt dies **Übergriffigkeit** dar. Das Kind wird nicht als eigene Persönlichkeit mit eigenen Begabungen, Grenzen und Bedürfnissen gesehen, sondern es soll die Bedürfnisse der Eltern erfüllen. Die individuelle Identität des Kindes wird missachtet. Es hat die Funktion, das Selbstwertgefühl der Eltern zu stabilisieren und deren Träume zu befriedigen. Manchmal widmen Eltern der Erfüllung dieser (eigenen) Wünsche eine beträchtliche Menge an Zeit und Geld. Sie bezahlen Ballettstunden, kaufen ein Pferd, schicken die Kinder in Privatschulen und bestimmen womöglich jede Sekunde des Lebens der Kinder. Wenn der ersehnte Erfolg ausbleibt, so sind Kinder und Eltern gleichermaßen enttäuscht. Die Kinder zweifeln dann häufig an ihrer eigenen Kompetenz und fühlen sich auch später im Leben als Versager.

Wenn das Kind die Größenfantasien der Eltern befriedigen und erfüllen soll, so sollte das Kind auch groß, einzigartig und besonders sein. Solche Kinder werden schon mit 5 Jahren als kleine Genies gepriesen. Jeder normale Entwicklungsschritt wird als großartige Leistung des Kindes und dessen Eltern gefeiert. Das Kind kann nicht in Ruhe seinen eigenen Stil, seinen eigenen Weg, seine eigene Persönlichkeit finden, sondern es hat immer die Eltern im Nacken, die sein Tun kommentieren, bewerten und beeinflussen. Solche Eltern dürfen sich nicht wundern, wenn sich das Kind später radikal abwendet, um sich zu befreien. Die schlechtere Alternative wäre, dass sie auf eine eigene Persönlichkeitsentwicklung verzichten und von ihren Eltern abhängig bleiben bzw. zu einem Abklatsch der Eltern werden und dabei nicht überzeugen.

Abgrenzung respektieren

Wenn man sich wünscht, langfristig mit seinen Kindern verbunden zu bleiben, und wenn man auch den Kindern eine gute, eigene Zukunft wünscht, so empfiehlt es sich, den Abgrenzungswünschen der Kinder Raum zu geben. Schon Säuglinge signalisieren, wenn der elterliche Kontakt zu intensiv, zu bestimmend und zu grob wird. Sie machen sich dann steif und wenden sich ab. Ältere Kinder ziehen sich zurück oder werden bockig und trotzig.

Signale, die die kindliche Individualität betonen, sind wichtig und sollten verstanden und akzeptiert werden.

> **!** Unsere Kinder sind nicht für uns da; sie gehören uns nicht, wir sollten sie nicht für eigene Bedürfnisse missbrauchen.

Wir haben aber eine Verantwortung dafür, dass sie auf ihren eigenen Beinen stehen können und ihren persönlichen Weg finden. Der Dichter Khalil Gibran hat das in folgendem Gedicht formuliert:

Eure Kinder sind nicht eure Kinder

Sie sind die Söhne und Töchter der Sehnsucht des Lebens nach sich selber.
Sie kommen durch euch, aber nicht von euch,
und obwohl sie mit euch sind, gehören sie euch doch nicht.
Ihr dürft ihnen eure Liebe geben, aber nicht eure Gedanken,
denn sie haben ihre eigenen Gedanken.
Ihr dürft ihren Körpern ein Haus geben, aber nicht ihren Seelen,
denn ihre Seelen wohnen im Haus von morgen, das ihr nicht besuchen könnt, nicht einmal in euren Träumen.
Ihr dürft euch bemühen, wie sie zu sein, aber versucht nicht, sie euch ähnlich zu machen.
Denn das Leben läuft nicht rückwärts, noch verweilt es im Gestern.
Ihr seid die Bogen, von denen eure Kinder als lebende Pfeile ausgeschickt werden.
Der Schütze sieht das Ziel auf dem Pfad der Unendlichkeit,
und Er spannt euch mit Seiner Macht, damit seine Pfeile schnell und weit fliegen.
Laßt euren Bogen von der Hand des Schützen auf Freude gerichtet sein;
denn so wie Er den Pfeil liebt, der fliegt, so liebt Er auch den Bogen, der fest ist.

Khalil Gibran, arabischer Dichter, 1883–1931

Ich bin keine gute Mutter

Im folgenden Beispiel wird nur von Müttern gesprochen, da wir den massiven Selbstzweifel in Bezug auf die richtige Erfüllung der Elternrolle vor allem von Frauen kennen.

Christin gerät immer wieder in eine Spirale negativer Gefühle

Christin und ihr kleiner Sohn Paul leben seit Kurzem ohne Frank, denn dieser ist ausgezogen, da er sich ungeliebt und unverstanden gefühlt hat. Christin ist nach der Geburt depressiv geworden und hat sich immer mehr zurückgezogen. Sie kümmerte sich zwar um Paul, der ordentlich versorgt wurde, verbrachte aber sonst viele Stunden im Bett und grübelte.

Immer wieder zweifelte sie daran, ob es richtig war, ein Kind zu bekommen. Sie fühlte sich schuldig, dass sie nicht richtig verhütet hatte und dass Frank so jung Vater werden musste. Obwohl sie verzweifelt war, dass er ausgezogen ist, hat sie ihn verstanden. Wer sollte es denn bei ihr aushalten? Sie fühlte sich elend und unattraktiv und im tiefsten Kern nicht liebenswert.

Nun muss sie sich um Paul kümmern, aber fühlt sich auch ihm gegenüber unzulänglich und schlecht. Sie vergleicht dauernd, wie fröhlich und entspannt andere Eltern sind und findet sich selbst „total kaputt". Wenn sie in einem solchen Gemütszustand ist, rutscht sie immer tiefer in negative Gefühle und Zustände und findet keinen Ausweg.

Christin hat in ihrer Kindheit die Erfahrung gemacht, dass sie weniger geliebt wurde als ihre jüngeren Geschwister. Später erfuhr sie, dass das daran lag, dass sie einen anderen Vater hatte als ihre Geschwister. Dennoch blieb diese alte Wunde unverheilt und meldete sich in anderen nahen Beziehungen wie bei ihrem Mann und ihrem Sohn. Sie kommt aus dem Gefühl nicht heraus, dass sie nicht liebenswert ist.
Leider trägt sie mit ihrem Verhalten dazu bei, dass man sich von ihr zurückzieht. Sie zeigt wenig Interesse am jeweils anderen, kreist ständig um sich selbst und verstärkt somit die Depression und das **Minderwertigkeitsgefühl**. Sie fühlt sich nicht nur als schlechte Mutter, sondern auch als schlechte Partnerin und schlechter Mensch. Wenn Paul schwierig, angespannt oder traurig ist, so neigt sie dazu, sich selbst zu bezichtigen, wie schlecht sie sei. – Dabei vernachlässigt sie aber ihren Sohn und versäumt, ihn wahrzunehmen, ihm zu helfen und ihm als erwachsene Frau unterstützend zur Seite zu stehen. Manchmal hat man den Eindruck, dass Paul sich mehr um seine Mutter kümmert, als sie sich um ihn. Er bringt ihr Spielsachen, streichelt sie und versucht, besonders lieb zu sein, damit sie nicht immer so traurig ist. Eine solche Beziehungsdynamik nennt man **Parentifizierung**: Das Kind wird dazu benötigt, die Mutter zu stabilisieren und zu versorgen.
Selbst wenn es den Eltern schlecht geht, so haben sie dennoch als Eltern eine Pflicht, ihren Kindern als erwachsene, schutzgebende und anteilnehmende Bezugspersonen zur Verfügung zu stehen. Wenn dies aus bestimmten Gründen (bei Christin aus Gründen ihrer Depression) nicht gelingt, so sollte man Unterstützung und Hilfe beanspruchen. Meist gibt es einen Weg aus diesem Teufelskreis.
Innerhalb der Depression glauben Betroffene oft, dass das Leiden niemals aufhört. Tatsächlich ist aber eine postpartale Depression gut zu behandeln.

Christin hat beispielsweise mithilfe eines Antidepressivums und psychotherapeutischer Gespräche aus ihrer Krise herausgefunden. Im Kapitel 10 erfahren Sie, wie solche therapeutischen Behandlungsprozesse aussehen können.

Mein Kind macht mich fertig

Die meisten gefährlichen Situationen, die ein Kind nachhaltig schädigen, passieren im ersten Lebensjahr eines Kindes. In diesem Alter kann sich das Kind noch nicht sprachlich äußern, man kann noch nicht vernünftig mit dem Kind kommunizieren. Alles läuft auf der emotionalen und vorsprachlichen Ebene ab. Wenn das Kind belastet ist, schreit es, und will damit seine Eltern dazu bringen, sich um es zu kümmern. Das Schreien kann aber bei den Eltern auch Erinnerungen an schwierige eigene kindliche Gefühle hervorrufen und sie somit selber in höchst belastende und manchmal überfordernde emotionale Zustände bringen. Damit das Schreien des Kindes und die eigenen unerträglichen Gefühle endlich aufhören, greifen manche Eltern zu Gewalt.

Schlaflose Nacht – „Hör endlich auf zu brüllen!"

Liliana: Ich bin ausgerastet und habe Lucia eine geklascht

Liliana ruft in einer solchen fürchterlichen Situationen anonym das Elterntelefon des Kinderschutzbundes an (0800–1110550). Sie berichtet unter Tränen, dass sie ihr Kind von ganzem Herzen liebe, aber dass sie trotzdem manchmal die Nerven verliere und es anbrülle oder sogar schlage. Sie sagt: „Das hat schon angefangen, als sie nur wenige Monate alt war. Die Nächte waren der reinste Horror. Sie hat gebrüllt und gebrüllt und gebrüllt und ich war völlig überfordert. Ich habe dann zurückgebrüllt, dass sie endlich aufhören soll oder mir endlich sagen soll, was sie will. Irgendwann wurde es besser, die Verdauung klappte auch besser und ich habe mich selbst darum bemüht, etwas ausgeglichener und strukturierter zu sein, habe z. B. das Kiffen aufgehört und regelmäßige Einschlafzeiten eingeführt. Das war ganz gut. Seit drei Wochen ist es aber wieder unerträglich. Lucia will nicht ins Bett und wenn sie im Bett ist, will sie nicht einschlafen. Sie wehrt sich und regt sich fürchterlich auf. Gestern hat sie wieder stundenlang gebrüllt, sich dabei immer mehr körperlich verspannt, bis sie sich erbrochen hat. Das ganze Bett war vollgekotzt und hat gestunken. Ich habe alles frisch gemacht und sie umgezogen, sie hat aber weiter gebrüllt und wieder gekotzt. Dann bin ich ausgerastet und habe ihr eine geklatscht. Sie war dann plötzlich ganz still und ist in ihrem vollgekotzten Bett eingeschlafen. Ich habe nur noch eine frische Windel aufs Kopfkissen gelegt und bin dann raus.
Ich ging dann in mein eigenes Zimmer und habe mich selbst verletzt. Irgendwie musste ich runterkommen und mich selber wieder spüren. Danach ging's mir furchtbar schlecht. Ich hatte Angst, dass ich Lucia vielleicht einen Schaden zugefügt habe und irgendwas verletzt hab', sie ist ja erst 11 Monate alt. In dieser Nacht habe ich beschlossen, dass sich was ändern muss und so nicht weitergehen kann. Als sie am nächsten Tag normal aufwachte, war ich total erleichtert, aber auch voller Schuldgefühle. Sie war wieder so süß und ich habe mich total mies gefühlt.
Ich will mein Kind nicht mehr so anbrüllen oder schlagen. Deshalb rufe ich Sie heute an."

! Es ist schwer, ein Kind alleine zu erziehen. Ein afrikanisches Sprichwort lautet: „Es braucht ein ganzes Dorf, um ein Kind zu erziehen."

Wie soll dann eine junge Frau, noch dazu mit eigenen psychischen Belastungen, in der Lage sein, ein Kind ohne äußere Hilfe und Unterstützung zu versorgen?
Wenn die Belastungen zunehmen und die Ausgleichsmöglichkeiten abnehmen, spitzt sich eine Situation kritisch zu. Liliana hatte schon immer eine „extreme Ecke". Insbesondere in Liebesbeziehungen oder bei engeren Freundschaften knallte und krachte es oft erheblich. Sie sorgte dann für Abstand, kiffte oder trank Alkohol oder machte exzessiv Sport oder ging ein paar Stunden tanzen. Nach ein paar Tagen ging es dann meistens wieder besser.
Seit sie aber ein Kind hat, kann sie sich selbst nicht mehr in der Weise regulieren. Sie wohnt in einer 2-Zimmer-Wohnung, kann abends nicht mehr weg, da sie das Kind nicht alleine lassen kann und fühlt sich oft eingesperrt und gefesselt. Wenn das Kind dann noch quengelt oder schreit, weil es Zähne bekommt oder krank ist, kippt das Ganze. Für Liliana wird dann die **Anspannung** immer stärker. Sie merkt selbst, wie sie sich gegenseitig immer mehr hochschaukeln und in einen **Teufelskreislauf** geraten, der unerträglich ist. Lucia tut ihr furchtbar leid und sie würde gerne anders sein, merkt aber, dass das mit gutem Willen alleine nicht zu schaffen ist.
Die Beraterin am Elterntelefon hat die Situation sofort verstanden. Sie vermittelte Liliana, dass es ein Zeichen von Mutterliebe und Verantwortungsgefühl ist, dass sie sich nun meldet und etwas verändern will. Liliana bekommt von ihr die Telefonnummer einer Psychotherapeutischen Klinik, an der es eine Tagesklinik für Patienten mit Borderline-Störungen gibt. Dort findet ein Beratungsgespäch statt. Man einigt sich darauf, dass Liliana in sechs Wochen zur Aufnahme kommen kann. In der Zwischenzeit könnte sie sich um eine Kinderbetreuung kümmern. Es gibt auch Kliniken, in denen man sein Kind mitbringen kann.

Ich kann mein Kind nicht lieben

Manchmal melden sich Eltern in der Psychotherapeutischen Elternambulanz, die vermitteln, dass sie Mühe haben, ihr Kind wirklich anzunehmen. Sie berichten, dass es ihnen schwer fällt, Intimität und Nähe zuzulassen und sich auf eine emotionale Bindung einzulassen. Bisweilen schildern sie auch, dass zu einem Kind eine gute Beziehung herrscht, aber zu einem anderen Kind das Gegenteil der Fall ist. Manchmal schildern die Eltern, dass das eine Kind lieb und zugänglich sei, das andere aber sperrig und widerborstig. Nun gibt es zweifellos Temperamentunterschiede oder Unterschiede, wie Kinder in Kontakt treten und wie viel Charme, soziale Kompetenz und Aktivität sie mitbringen. Natürlich haben Kinder unter Umständen auch unterschiedliche Schicksale – sie haben z. B. einen anderen Vater, haben eine medizinische Krankengeschichte oder eine Problematik in Hinblick auf die Regulation von Spannungen und Emotionen. Es gibt aber auch elterliche Faktoren, die dafür sorgen, dass Unterschiede zwischen den Kindern gemacht werden. Es sind ja die eigenen Gefühle, die durch die Kinder aktiviert werden und wenn die eigenen Gefühle widersprüchlich oder wechselhaft sind, dann ist es psychisch entlastend, die Ursachen für das eigene Erleben der Umwelt zuzuschreiben. Es ist in der Regel nicht so einfach, anzuerkennen, dass man selbst ungerecht und lieblos ist. Einfacher ist es, den anderen verantwortlich zu machen und sich somit psychisch zu entlasten. Diese Mechanismen der **Schuldzuweisung** bewirken etwas beim anderen. Das „böse" Kind wird sich vermutlich irgendwann mit der ihm zugeschriebenen Rolle identifizieren und tatsächlich annehmen, dass es nicht liebenswert sei.

„Ich weiß nicht, ob ich dich wirklich lieb habe."

Angst vor eigener Verletzlichkeit

Neben der psychischen Entlastungsfunktion gibt es aber auch noch andere wichtige Mechanismen, die es Eltern manchmal schwer machen, sich auf ein Kind einzulassen. So ist es tatsächlich nicht so einfach, sich auf die Verletzlichkeit und seelische Offenheit eines Babys einzulassen. Um dem Kleinen in dieser Qualität nahe zu sein, braucht es beim Gegenüber gleichfalls diese seelische Zartheit und Verletzlichkeit. Wer aber befürchten muss, in solchen weichen und offenen Zuständen tatsächlich verletzt zu werden, wird sich hüten, sich so weit zu öffnen und angreifbar zu machen. Man glaubt oft unbewusst, dass eine raue Schale, ein Panzer aus Muskulatur und wachsamer, nach außen gerichteter Aktivität nötig ist, um nicht verwundet zu werden. Leider verhindert ein solcher Abwehrpanzer den Zugang zu zarteren seelischen Erfahrungen, sowohl bei sich selbst als auch beim Baby. Es braucht somit tatsächlich Mut zur Verletzbarkeit, um mit sich selbst und seinem Kind in einen verbundenen seelischen Kontakt zu kommen.

Schließlich gibt es noch das Problem, dass man sich selbst als Kind mitunter nicht mochte. Ein Kind, das unglücklich und schwierig war, ist vielleicht nicht so bequem, wie ein kleiner Sonnenschein. Der Kontakt mit dem eigenen Kind kann nun Erinnerungen an eigene, vielleicht schwierige Kindheitserfahrungen hervorrufen, ohne dass man sich dessen tatsächlich bewusst wäre. Um dem aus dem Weg zu gehen, wird das eigene Kind auf Distanz gehalten. Ein Mittel dazu kann sein, dass man eine tiefere Nähe zu seinem Kind vermeidet.

Mein Sohn ist mir lieber als mein Mann

Wenn die Mütter manchmal sehr bedürftig oder im Umgang anstrengend sind, dann kann es vorkommen, dass sich die Männer und Väter rar machen oder auch die Familie verlassen. Mitunter sind beide Eltern hinsichtlich ihrer Fähigkeit, sich auf eine nahe Bindung einzulassen, beeinträchtigt. Gerade in nahen Beziehungen wird das Bindungssystem zwangsläufig aktiviert. Wenn dabei alte Erfahrungen von Einsamkeit und mangelndem Verständnis aktiviert werden, ist das für das Paar nicht leicht. Notwendig wäre es, über diese Dinge miteinander zu sprechen – dann kann eine Liebesbeziehung tatsächlich heilsam sein und korrigierende emotionale Erfahrungen ermöglichen.

„Du bleibst doch bei mir – oder?"

Wenn das Paar aber nicht sprechen kann und die Beziehung zerbricht oder oberflächlich bleibt, dann werden oft die **Kinder als Partnerersatz** benutzt. Die Kinder sind immer da, sie können nicht weg, sie sind abhängig und sie wollen eine gute Beziehung zu ihrer Hauptbezugsperson. Wenn dieses Hauptbezugsperson sie nun ins Ehebett nimmt, sich mehr auf das Kind als auf den Vater einstellt und damit den Vater immer mehr ins Abseits drängt, entsteht eine sehr ungesunde Situation:

Der Sohn wird von seiner Mutter benutzt, muss sich mehr an ihr orientieren, als es gut für ihn ist. Zugleich wird meist vermittelt, dass der Vater unwichtig und unbedeutend ist – ein gutes männliches Rollenmodell steht damit nicht zur Verfügung. In dieser Situation, die durchaus recht häufig ist, bleibt dem Sohn oft nichts anderes übrig, als auf eigene Entwicklungswünsche zu verzichten und als Ersatzpartner mit der Mutter am Essenstisch zu sitzen, später mit ihr ins Konzert zu gehen und schließlich vielleicht sogar als erwachsener Mann oder auch als erwachsene Tochter auf einen eigenen Weg zu verzichten und bei der Mutter zu bleiben.

Wenn der Sohn statt des Partners ins Ehebett geholt wird, spricht man von einer „ödipalen Situation“, die den Mann „depotenziert“ und den Sohn „narzisstisch“ aufwertet.

Weitere Altlasten, die dem Kind aufgebürdet werden

Jede individuelle Lebensgeschichte und jedes individuelle Familiensystem entwickelt unterschiedliche Strukturen und Beziehungsgestaltungen. Es ist deshalb unmöglich, alle Formen interaktioneller Störungen darzustellen. Wesentlich ist aber, dass ein Verständnis entwickelt wird, dass eigene **prägende Beziehungserfahrungen** unbewusst in die nächste Generation fortwirken. Ferner werden **eigene abgewehrte Ängste** oder **unbewusste innere Verpflichtungen** in der Beziehung mit dem Kind ausgelebt. Meist ist man selbst in Hinblick auf diese unbewussten Verhaltensweisen und Sichtweisen blind. Es ist deshalb wichtig, mit anderen zu sprechen, Rückmeldungen zu hören und ggf. – falls spürbar wird, dass es Eltern oder Kind schlecht geht – eine therapeutische Unterstützung in Anspruch zu nehmen. Holen Sie sich auch Hilfe, wenn eine der folgenden Aussagen auf Sie zutrifft:

- Das Kind wird zum Sündenbock, das von eigener Schuld entlastet.
- Das Kind wird zum Ideal und erfüllt eigene Größenfantasien.
- Das Kind wird zur fordernden Instanz, der man sich unterwirft.
- Das Kind ist eine Enttäuschung, wie andere Menschen im Leben auch.
- Das Kind bindet meine Angst, indem ich es kontrolliere.
- Das Kind ist Ersatz für Verlust, z. B. von Geschwistern oder Partnern.
- Das Kind ist Kitt für die Beziehung, sonst wäre der Partner schon weg.
- Das Kind gibt Sinn im Leben, sonst gibt's keine Interessen.
- Das Kind ist ein Geschenk für meine Eltern oder meinen Partner.
- Das Kind ist eine Last, wie vieles andere im Leben auch.

ÜBUNGEN

Selbstzuwendung in der akuten Krise

Wenn man total gestresst und fertig ist und vieles schiefläuft, dann ist man oft so genervt von sich selbst, dass man sich selbst als vollkommenen Versager erlebt und glaubt, dass man dümmer, schlechter und unzulänglicher als alle anderen Menschen ist. Durch diesen Mechanismus isoliert man sich noch mehr und dreht sich in einen Teufelskreis der Selbstentwertung und des Selbsthasses, der es noch schwieriger macht, sich um sein Kind zu kümmern und einigermaßen entspannt wahrzunehmen, wie es dem anderen geht.

In der folgenden Übung verstehen wir, dass solche schwierigen Momente jedem Menschen bekannt sind, dass jeder manchmal leidet und am Rand seiner Kräfte ist. Wenn ein Mensch aber leidet, braucht er Freundlichkeit, Zuwendung und Trost. Dies gilt auch für uns selbst, wenn wir leiden. Deshalb sollten wir gerade dann, wenn wir in einer akuten Krise sind, so schnell wie möglich Selbstzuwendung und Selbstmitgefühl praktizieren. Das ist auch die effektivste Möglichkeit, um das schlechte Gefühl zu überwinden.

Bitte nehmen Sie bewusst wahr, dass es Ihnen im Moment nicht so gut geht. Ignorieren Sie die Gefühle nicht, verdrängen Sie sie nicht, aber bemühen Sie sich darum, Kurzschlusshandlungen zu vermeiden (z. B. Alkohol, Selbstverletzung, Kind anbrüllen, Geschirr an die Wand knallen), halten Sie stattdessen inne und sagen Sie sich ganz bewusst:

„Dies ist ein Moment des Leidens."

Im zweiten Schritt werden Sie sich der Tatsache bewusst, dass Leiden zwar nicht sehr angenehm ist, aber auch nichts allzu besonders. Jeder Mensch leidet manchmal. Es gibt keine Menschen, die nicht gelegentlich leiden. Bitte machen Sie sich die Tatsache klar, dass Sie mit Ihren Gefühlen nicht alleine sind und sagen Sie sich ganz bewusst:

„Leiden gehört zum Leben."

Wie Sie von Ihrem Kind aber wissen, braucht ein leidendes Kind Zuwendung, Trost, Zuspruch und Verständnis. Wenn Sie es auf den Arm nehmen, sich um den Schmerz kümmern, sich einige Minuten Zeit für den kindlichen Kummer nehmen, dann ist er oft auch schon wieder vorbei. Diese Zeitspanne der Hinwendung und des Kümmerns braucht aber nicht nur Ihr Kind, sondern auch Sie selbst. Es ist deshalb wichtig, dass Sie aufhören, sich selbst zu kritisieren und Verantwortung für Ihre eigenen Bedürfnisse übernehmen. Bitte üben Sie in einem solchen schwierigen Moment, sich selbst Trost und Selbstzuwendung zukommen zu lassen und sagen Sie ganz bewusst:

„Ich möchte in diesem schwierigen Moment besonders verständnisvoll und freundlich mit mir umgehen."

Lassen Sie sich die Zeit, die Sie brauchen, um in Kontakt mit Ihren Gefühlen und Bedürfnissen zu kommen. Spüren Sie, was Sie sich selbst an Zuwendung zukommen lassen können. Was würde Ihnen guttun: ein Vollbad? Eine Tasse Tee? Ein Telefonat mit einer Freundin? Etwas Abstand von zuhause? Ein Szenenwechsel und ein Spaziergang im Freien? Hören Sie auf Ihre innere Stimme, auf Ihr intuitives Bauchgefühl und sorgen Sie jetzt gut für sich. Sagen Sie sich bewusst:

„Es ist richtig und wichtig, dass ich aktiv gut für mich sorge."

Lieber hören statt lesen?

Diese Übung finden Sie auch als Audiodatei zum Download unter www.schattauer.de/3099.html

7 Kindliche Regulationsstörungen

Babys drücken ihre Empfindungen körperlich aus. Sie strampeln vergnügt, wenn es ihnen gut geht, und sie zeigen auch ihr Missbehagen oder ihre Spannungszustände, indem sie körperlich reagieren. Wenn das Baby in den ersten Lebensmonaten noch mit vielfältigen Anpassungsprozessen zu kämpfen hat und unter hohe Anspannung und Stress gerät, so zeigt es oft typische Störungsmuster, nämlich typische **Regulationsstörungen**. Diese werden in **Schrei-, Schlaf-, Fütter-** und **Gedeihstörungen** unterteilt.
Eine gute Nachricht ist, dass ein großer Teil der Regulationsstörungen nach drei Monaten aufhört, da sich dann die körperlichen Prozesse des Babys wie Verdauung, Schlaf-wach-Rhythmus und Abstimmung mit der Umwelt einigermaßen eingespielt haben. Wenn aber die genannten Störungen fortbestehen, so sollten sie ärztlich untersucht werden.

Das Baby schreit übermäßig

Jeder Säugling schreit und drückt damit sein Unbehagen, seine Bedürfnisse oder seine Not aus. Da menschliche Babys noch nicht voll ausgereift sind, wenn sie zur Welt kommen, sind vegetative Störungen (z. B. Verdauungsprobleme, Blähungen, Einschlafprobleme) in den ersten drei Lebensmonaten nicht selten. Sie weisen darauf hin, dass der Säugling noch nicht in der Lage ist, seine körperlichen Prozesse zu regulieren und deshalb in Anspannung gerät. Er braucht in dieser Lebensphase Hilfe von außen, nämlich Bezugspersonen, die ihn versorgen und beruhigen. Um die Unterstützung der Bezugspersonen zu bekommen, meldet er sich mit Schreien und bittet auf diese Weise um Hilfe. Der Unterschied zwischen normalem und exzessivem Schreien liegt darin, dass letzteres verzweifelt klingt und übermäßig lange andauert.

Bei einem Baby, das plötzlich exzessiv schreit, sollten organische Ursachen wie z. B. Ohrenentzündungen, Magen-Darm-Koliken, Allergien oder Verletzungen abgeklärt werden. Wenn körperliche Ursachen ausgeschlossen werden können, so ist es naheliegend, dass Stress in der Familie und beim Baby vorliegt. Das heftige Schreien des Kindes macht die Eltern verständlicherweise nervös. Doch wenn man selbst aufgeregt und hektisch ist, kann man niemanden beruhigen – auch ein Baby nicht. Die überdrehten „Beruhigungsmaßnahmen" machen es daher meist nur noch schlimmer. Das Baby spürt den Stress der Eltern, was seine Unruhe nur verstärkt. Wichtig ist vor allem, erst einmal selbst wieder zur Ruhe zu kommen, bevor man sich dem Baby beruhigend zuwenden kann, und sich Hilfe zu holen, bevor man an seine Belastungsgrenzen kommt. Denn andauerndes Schreien zerrüttet die Nerven sehr schnell.

Zum Feststellen einer Schreistörung gilt die sogenannte **Dreier-Regel**. Der Säugling schreit

- schon mehr als **drei** Wochen lang,
- an mehr als **drei** Tagen in der Woche,
- täglich mehr als **drei** Stunden.

Im Mutter-Kind-Haus geht es Mandy mit Justin eigentlich gut, doch sie langweilt sich ...

Mandy lebt jetzt schon seit drei Monaten im Mutter-Kind-Haus mit ihrem Sohn Justin. Sie haben zusammen eine 1½-Zimmer-Wohnung mit Küche. So viel Platz hatte Mandy noch nie zuvor für sich. Es gibt acht andere junge Frauen mit Kindern, manche sind noch um einiges jünger als Mandy, zwei hatten Probleme mit Drogen, aber im Prinzip sind die anderen Frauen ziemlich in Ordnung. Die Geburt lief

unproblematisch und Justin war zunächst auch ganz lieb. Er schlief viel und trank ohne Probleme sein Fläschchen.
Irgendwie fingen die Probleme damit an, dass Mandy sich immer mehr langweilte. Das „Rumhocken" mit dem Kleinen und das ständige Füttern, Baden, Wickeln, Schlafen empfand Mandy als ziemlich öde. Früher ist sie abends mit ihrer Clique um die Häuser gezogen und hat Quatsch gemacht, jetzt muss sie machen, was der Kleine verlangt. Er kommt ihr manchmal wie ein Monster vor, das ständig irgendwas will und nie genug bekommt.

Je unzufriedene Mandy wurde, umso mehr hat Justin gebrüllt

Sie hat zwar immer mal zurückgebrüllt, aber der Kleine war in Hinblick auf Dauerschreien ausdauernder als Mandy. Ein paarmal ist sie abends raus, als er geschlafen hat, und ist zu ihrer alten Clique geflüchtet, um ein bisschen Abwechslung zu bekommen; danach stellten sie aber die Sozialpädagogen im Eltern-Kind-Haus zur Rede: Sie dürfe Justin nicht allein lassen; sie habe als Mutter die Verantwortung für Justin, egal wie viel Lust sie dazu habe. Weil sie sich dennoch nicht daran hielt, gab es ein Krisengespräch, in dem verabredet wurde, dass sie in die Eltern-Kind-Ambulanz der Psychosomatischen Klinik am Ort gehen sollte. Das hat sie tatsächlich gemacht, weil sie fürchtete, dass man ihr sonst das Sorgerecht entziehen könnte.

Schlafstörungen

Es dauert circa sechs bis acht Monate bis das Kind einen einigermaßen regelmäßigen Schlafrhythmus entwickelt und sich auch alleine soweit beruhigen kann, dass es alleine in den Schlaf findet. Um diesen Prozess zu unterstützen, ist es sinnvoll, eine Regelmäßigkeit in Bezug auf die Einschlafzeiten zu entwickeln und ein Einschlafritual zu pflegen, das beruhigend, sicherheitgebend und immer ähnlich oder gleich ist. Eine solche Regelmäßigkeit und Wiederholung gibt dem Kind Sicherheit und Sicherheit beruhigt. Einschlafrituale können ein Gutenachtlied sein, das Vorlesen einer Geschichte, das gemeinsame Kuscheln oder vielleicht ein Gebet.

Ruhe und Sicherheit vermitteln

Wichtig ist, dass sich die Eltern dabei auch entspannen und wirklich Zeit haben, sich ihren Kindern zuzuwenden und sich auf sie einzustellen. Wenn die Eltern nervös und angespannt sind, so überträgt sich das auf die Kinder und steigert deren Erregung. Hilfreich ist es, wenn die Eltern in dieser Situation darauf achten, dass sie selbst einigermaßen gut versorgt sind, dass sie sich bewusst Zeit für ihr Kind oder ihre Kinder nehmen und diese Zeit so gestalten, dass es auch für sie selbst angenehm ist (s. Kap. 8).

Bei den Eltern schlafen

Viele Kinder schlafen zu lange bei den Eltern im Bett oder den Eltern im Zimmer. In den ersten Lebensmonaten ist das durchaus praktisch und richtig, da ja oft noch gestillt wird und da man das Kind, wenn es nachts unruhig wird, schnell zu sich nehmen und trösten kann. Dieses gemeinsame Schlafen kann aber – wenn es zu lange fortgesetzt wird – dazu führen, dass das Kind nicht lernt, sich selbst zu beruhigen und zu lange auf die Beruhigung durch die Eltern angewiesen bleibt. Ab dem achten Lebensmonat sollten die Kinder dabei unterstützt werden, alleine einzuschlafen, durchzuschlafen und sich auch selbst zu beruhigen, wenn sie zwischendurch mal wach werden.

- Eine **Schlafstörung** liegt vor, wenn sich das Kind nach 6–8 Monaten noch nicht selbst beruhigen kann.
- Wenn das Kind mehr als eine halbe Stunde elterlicher Zuwendung und Hilfe benötigt, um in den Schlaf zu finden, liegt eine **Einschlafstörung** vor.
- Bei einer **Durchschlafstörung** wacht das Baby häufiger als dreimal in der Nacht auf und braucht längere Zeit, um wieder einzuschlafen.

In den ersten Monaten kann man ein Kind nicht verwöhnen!

Um Schlafstörungen vorzubeugen, sollten Eltern in den ersten Monaten besonders viel Wert darauf legen, ihren Kindern Sicherheit und Geborgenheit zu vermitteln. In diesem Alter kann man ein Kind nicht verwöhnen. Es ist in dieser Zeit wichtig, die Signale des Babys verstehen zu lernen, z. B. Hunger

von Müdigkeit oder Nähebedürfnis von Schlafbedürfnis zu unterscheiden. Ferner braucht ein Neugeborenes und kleines Baby eine reizarme Umgebung, viel Ruhe und die Möglichkeit, schlafen zu dürfen, wenn es schlafen will. **Überstimulation ist zu vermeiden.**
Nachdem das Baby gewickelt, gefüttert und gut versorgt wurde, darf man darauf vertrauen, dass es zur Ruhe kommt, selbst wenn es zunächst noch quengelt oder manchmal leichte Tageserregung mit etwas Schreien oder Unruhe abreagieren muss. Geben Sie ihm die Zeit, die es braucht, und springen nicht sofort herbei. Viele Eltern unterstellen ihrem Kind bei jedem kleinen Mucks, dass es Angst hat, dass es nicht alleine klarkommt oder dass es ohne die Mama nicht einschlafen kann. Diese Annahmen sind nicht hilfreich. Sie fördern eine ständige Verstrickung und erlauben es dem Kind nicht, nach und nach in sich selbst zur Ruhe zu kommen.

Alleine schlafen

Ab dem achten Lebensmonat sollte ein Kind *alleine* in den Schlaf finden können und auch in der Lage sein, im eigenen Zimmer alleine zu schlafen. Ein Kuscheltier, eine Spieluhr oder ein Schmusetuch können dem Kind dabei helfen. Nachdem das familiäre Einschlafritual abgeschlossen ist, sollten die Eltern eventuelle Wünsche nach Essen, Trinken, Spielen etc. nicht mehr befriedigen. Wenn das Kind ruft und weint, so kann man es ggf. mit Worten beruhigen, aber es nicht mehr aus dem Bettchen nehmen. Es ist wichtig, hier konsequent und berechenbar zu sein, sonst kommt keine Ruhe ins System und dann haben die Eltern auch keine Zeit mehr für sich selbst am Abend. Zu weit sollte die Liebe zum Kind nicht gehen. Man darf sich selbst nicht vernachlässigen!

Fütter- und Gedeihstörungen

Am Essen hängt oft viel Symbolik. Man kocht für geliebte Menschen, wünscht, dass es dem anderen schmeckt und fühlt sich bestätigt, wenn die Mühe gewürdigt und wertgeschätzt wird. Wenn das Baby nun die Brust, die

Flasche oder den Brei zurückweist, so kann das als Kränkung erlebt werden – „Es mag meine Milch nicht – es mag mich nicht“ – und beispielsweise zum gekränkten Rückzug der Mutter führen, insbesondere wenn die Mutter (wie z. B. Christin) unsicher und depressiv ist. Wenn die Mutter aber eher entschlossen oder bestimmend ist, kann eine gegenteilige Strategie auftreten: „Es muss aber essen, wo kämen wir denn hin, wenn es tut, was es will.“ Beide Reaktionen können zu einer Anspannung am Esstisch führen und dem Kind auf den Magen schlagen und den Appetit, wie auch die Freude am Essen, beeinträchtigen.

Wenn das Kind deshalb oder aufgrund einer zarten Konstitution nicht so richtig zunimmt, so kann das die Angst der Eltern erhöhen: „Es muss aber essen, weil es sonst nicht wächst.“ Druck und Anspannung, Sorge ums Gewicht und Sorge um das richtige Essen und die richtige Menge können folgen. All dies macht die Essenssituation nicht einfacher. Das Essen wird plötzlich zum Problem, die Kontrolle über das „richtige und korrekte“ Essverhalten ersetzt die Freude am gemeinsamen Beieinandersitzen und der Lust am Essen.

Eine **Fütterstörung** liegt vor:

- wenn die Mahlzeiten länger als 45 Minuten dauern,
- wenn zwischen den Mahlzeiten weniger als 2 Stunden Pause ohne Essenzufuhr liegen,
- wenn das Füttern mit aufwendigen Maßnahmen einhergeht (mit Ablenkungsmanövern, besondere Fütterposition etc.),
- wenn das Baby häufig erbricht oder die Nahrung wieder herauswürgt.

Wenn das Kind zu wenig wiegt, ist der Ansprechpartner der Kinderarzt. Hilfreich ist es für ihn, wenn Sie ein Ernährungstagebuch mitbringen, in welchem Sie über einige Tage die objektive Nahrungszufuhr protokollieren. Das hilft, subjektive Ängste von objektiven Fakten zu differenzieren. Ein zartes Kind, das ausreichend isst, muss nicht gemästet werden.

Bei anhaltenden Fütterstörungen findet man häufig eine belastende Situation am Esstisch. Vielleicht bestehen Spannungen zwischen den Eltern, vielleicht gibt es keine klaren Regeln und die Kinder manipulieren ihre Eltern über das Essen. So gibt es Eltern, die ihren Kindern das Essen hinterhertragen oder den Kindern eigene spezielle Mahlzeiten kochen. Das verursacht viel Mühe und gibt dem Essen eine überwertige Bedeutung. Schwierig kann es auch werden, wenn die Mutter selbst eine Essstörung hat oder wenn komplizierte Ernährungsgewohnheiten in der Familie bestehen.

Um Fütterstörungen gut zu behandeln, braucht es eine Mischung von Form und Freiheit. So sollten sich idealerweise auch die Eltern an **klare Regeln** halten und gewisse verbindliche Essenszeiten einhalten und dabei Ablenkungen (z.B. fernsehen, telefonieren etc.) unterlassen. Idealerweise entspannt man sich beim guten Essen, hat Zeit für die Familie, erzählt etwas und pflegt ein gutes Miteinander.

Goldene Regeln für richtiges Essen

1. Hauptmahlzeiten werden gemeinsam an einem Tisch eingenommen.
2. Keine Nahrungszufuhr zwischen den Mahlzeiten.
3. Beim Essen wird nicht gespielt.
4. Die Eltern bestimmen, wann gegessen wird.
5. Die Eltern bestimmen, was auf den Tisch kommt.
6. Das Kind bestimmt, wie viel es essen will.
7. Das Kind signalisiert, wann es gefüttert werden will (öffnet Mund).
8. Nicht weiter füttern, wenn das Kind vermittelt, dass es satt ist.
9. Essen selbst genießen und auf gute Stimmung bei Tisch achten.
10. Dem kindlichen Gemecker wenig Interesse widmen.

Weitere kindliche Störungen

Neben den Schrei-, Schlaf-, Fütter- und Gedeihstörungen finden sich bisweilen auch noch andere seelisch-körperliche Störungen, die sich beim Säugling und Kleinkind mimisch und körperlich äußern. So kann sich z. B. eine **kindliche Depression** in einem unlebendigen, passiven und zurückgezogenen Verhalten äußern. Das Baby scheint von den Bewegungen her weniger ent-

wickelt zu sein, weniger Neugierde zu zeigen und auch weniger in Kontakt mit anderen Menschen zu treten als andere Kinder gleichen Alters. Häufig spiegelt es die depressive Stimmung seiner Umwelt oder reagiert auf seine Weise auf Belastungen und Sorgen der Familie, in welcher es lebt.
Wenn das Kind unter einer **körperliche Erkrankung** leidet (z. B. Asthma, Neurodermitis, Infekte, Fehlbildungen, Stoffwechselstörungen u. a. m.) so hat das Auswirkungen auf die körperliche und psychische Entwicklung des Säuglings. Es muss Schmerzen, Krankenhausaufenthalte und andere belastende Situationen aushalten und wird darüber seinen Unmut äußern, was sein Recht ist. Eltern von kranken Kindern entwickeln manchmal überbehütende Tendenzen, da sie Angst um ihr Kind haben. Es kann aber auch zur Ablehnung durch Eltern kommen, die kein krankes oder schwieriges Kind haben wollten. Sowohl zu viel als auch zu wenig Zuwendung wird beim Kind Auswirkungen haben und vielleicht zu Regulations- oder Verhaltensstörungen führen. Es ist das ausgewogene mittlere Maß, um welches man sich bemühen sollte.
Besondere Aufmerksamkeit und Behutsamkeit benötigen auch **früh geborene Kinder**, die noch nicht ausgereift sind, wenn sie zur Welt kommen und eigentlich noch einige Tagen oder Wochen im Bauch der Mutter sein sollten. In Deutschland kommen jährlich circa 50 000 Kinder zu früh zur Welt, das entspricht etwa 7 % der Geburten. Solche Kinder haben heute dank der modernen Frühgeborenenmedizin eine wesentlich bessere Prognose als zu früheren Zeiten. Eltern sollten diesen kleinen Würmchen Zeit und Unterstützung zukommen lassen, um nachzureifen. Sie benötigen besonders viel Feinfühligkeit und Behutsamkeit. Es gibt auch die Möglichkeit, durch die sogenannte Känguru-Methode das Neugeborene direkt auf der Haut zu tragen und damit viel Körperkontakt zu ermöglichen.

ÜBUNGEN

Beobachten der vorbeiziehenden Gefühle

Stellen Sie sich vor, dass Sie am Ufer eines Flusses sitzen. Sie sitzen stabil, aufrecht und mit einem guten Kontakt zu Ihrem Körper. Sie sind in Kontakt mit dem Fluss Ihres Atems. Ihr Geist ist wach, interessiert und aufmerksam. Nun wenden Sie sich dem fließenden Gewässer zu, das vor Ihnen vorbeifließt. Dieses Gewässer symbolisiert den ständigen Fluss der sich verändernden Wahrnehmung. Körperliche Empfindungen, Gefühle, wechselnde Stimmungen und

Vorstellungen tauchen auf und verschwinden wieder. Betrachten Sie dieses Vorbeifließen wie das Wasser im Fluss.
Alles ist in ununterbrochener Bewegung und Wandlung, nie bleibt das Wasser stehen. Genauso verhält es sich mit unseren Empfindungen, Gefühlen, Stimmungen und Vorstellungen auch; sie sind in ununterbrochener Bewegung und Wandlung. Wenn wir die Haltung des **inneren Beobachters** einnehmen, können wir das sehen. Wir sind nicht im Wasser oder im Inhalt unseres Erlebens, sondern wir sitzen am Ufer des Stromes und schauen auf den Strom der Wahrnehmung, der in unserem Bewusstsein entsteht.
Wir haben eine sichere Position auf der Böschung am Ufer und sind nicht in Gefahr, mitgerissen oder fortgespült zu werden. Zudem haben wir mit dieser Position die Möglichkeit, die Dinge, die vorbeifließen, wirklich zu beobachten und zu erkennen. In Bezug auf unseren Geist, werden wir uns einerseits bewusster, was uns gerade beschäftigt und entwickeln zugleich Überblick und Verständnis.

Lieber hören statt lesen?

Diese Übung finden Sie auch als Audiodatei zum Download unter www.schattauer.de/3099.html

8 Sich mit dem Kind verständigen

Ammensprache

Auf der ganzen Welt wird in einer ähnlichen Weise mit Babys und Kleinkindern gesprochen. Diese Art des Sprechens unterscheidet sich deutlich von der Art und Weise wie wir mit Erwachsenen sprechen. Diese veränderte Kommunikation erfolgt automatisch und intuitiv, meist ist das den Sprechenden selbst nicht bewusst. Diese besondere Sprechweise wird **Baby Talk** oder **Ammensprache** genannt.

Merkmale dieser spezifischen Kommunikation mit dem Baby sind, dass sich der Erwachsene frontal dem Baby zuwendet, das Kind deutlich anschaut und auch sein eigenes Gesicht ganz zeigt. Die Tonlage der Stimme ist höher als gewöhnlich und passt sich der hohen Stimmlage einer Kinderstimme an. Das Sprechen wird durch häufiges Nicken des Kopfes begleitet. Die Sprache ist langsam und einfach und der Gesichtsausdruck ist ein bisschen übertrieben. Es finden viele Wiederholungen und lautmalerische Ausdrucksformen statt. Die Äußerungen des Babys werden wiederholt und von der Mutter, dem Vater interpretiert. Das Kind erkennt durch den besonderen Tonfall, dass die Eltern nicht in der sonstigen Erwachsenensprache reden, sondern in der Sprache, welche für das Kind reserviert ist.

Das Baby erkennt an dieser veränderten Sprechweise und der „Markierung" bestimmter Belange des Babys, dass es jetzt um das Baby selbst und seine innere Welt geht. Es fühlt sich dadurch von seinen Eltern verstanden und weiß, dass eigene schwierige Gefühle von den Eltern aufgenommen und verarbeitet werden. Somit wird dem Kind durch unterschiedliche Sprachstile vermittelt, wer

jetzt dran ist und um wen es gerade geht. Das Baby hat somit einen eigenen Kommunikationsraum, der nur für Baby Talk reserviert ist und weiß: „Jetzt geht es um mich, ich werde gesehen und meine Gefühle werden aufgenommen, wahrgenommen, zurückgespiegelt und damit für mich verständlicher und verdaulicher."

Feinfühligkeit

Feinfühligkeit ist eine wesentliche Voraussetzung für eine gelingende Beziehung mit dem Baby. Dieses bindet sich am stärksten an die Bezugsperson, welche am feinfühligsten mit ihm umgeht.

! Unter Feinfühligkeit versteht man die Fähigkeit, die Signale eines Babys zu erkennen, sie richtig zu interpretieren und prompt und angemessen darauf zu reagieren.

Die kindlichen Zeichen erkennen

Ein Baby verfügt über sehr viele Mitteilungsmöglichkeiten: Es kann brabbeln, jauchzen, lachen, wimmern oder schreien. Es hat mimische Ausdrucksmöglichkeiten und zeigt sein Wollen durch Wegdrehen des Kopfes, Blickzuwendung oder durch Beschäftigung mit sich selbst. Auch die Körperspannung und die Art, sich zu bewegen wie Zappeln, Heben der Ärmchen oder Steifwerden sind Signale des Babys. All diese Zeichen vermitteln, wie es dem Baby gerade geht.
Die Mutter oder der Vater sollten diese Zeichen erkennen und dadurch einen Zugang zum Innenleben ihres Kindes bekommen. Mitunter ignorieren sie aber auch diese Signale – absichtlich oder unabsichtlich –, z. B. wenn sie keine Zeit oder Lust haben. Vielleicht fällt es ihnen auch schwer, die feinen Signale überhaupt wahrzunehmen, weil sie momentan zu angespannt sind, um dafür offen zu sein.

Die Zeichen richtig interpretieren

„Papa, spiel doch mal mit mir!"

Wenn die Bezugspersonen wahrnehmen, dass das Baby sich äußert und beispielsweise weint, so ist es nicht selbstverständlich, dass dieses Weinen richtig interpretiert wird. Es kann beispielsweise weinen, weil es Kontakt sucht oder weil etwas weh tut oder weil die Windel voll ist. Manche Mütter neigen dazu, jedes Weinen als Ausdruck von Hunger zu interpretieren und geben dem Kind bei jedem Mucks gleich die Flasche. Sie erkennen nicht, dass es verschiedene Arten von Weinen gibt, die jeweils mit verschiedenen Bedürfnissen des Kindes zusammenhängen.
Unter Umständen neigt die Mutter dazu, eigene psychische Zustände oder Gedanken in das Kind hineinzuinterpretieren. Wenn sie sich selbst einsam fühlt, wird sie möglicherweise das kindliche Weinen als Ausdruck von Einsamkeit deuten. Wenn sie selbst Angst hat, wird sie das Weinen tendenziell als Ausdruck von Angst interpretieren. Es kann aber auch Ausdruck von Langeweile oder sogar von zu viel Nähe sein. Kinder brauchen auch mal Ruhe von ihren Müttern und fühlen sich von zu viel Zuwendung überstimuliert.
Die richtige Interpretation der Signale setzt also voraus, dass man in der Lage ist, von sich selbst abzusehen und sich in das innere Erleben eines Kindes einzufühlen. Diese Fähigkeit heißt **Mentalisierung**, man kann sie lernen und üben.

Prompt reagieren

Kleine Kinder haben noch nicht die Möglichkeit, ihre Bedürfnisse selbst in den Griff zu bekommen oder ihre Bedürfnisse aufzuschieben. Wenn die Eltern die Signale zwar erkennen, aber nicht gleich darauf reagieren, dann fühlt sich das Baby nicht verstanden oder gesehen. Es wird unter Umständen seine Signale verstärken und lauter schreien, es kann eine verstärkte Anspannung entwickeln, die in einer Regulationsstörung münden kann. Wenn es häufig vorkommt, dass seine Signale nicht beantwortet werden, kann sich das Kind zurückziehen und depressiv, misstrauisch und verzweifelt reagieren.
Prompte Reaktion heißt, dass die elterliche Antwort schnell und im Zusammenhang mit dem kindlichen Signal erfolgt. Das kleine Kind muss auf sein eigenes Zeichen eine Reaktion erfahren. Diese Reaktion signalisiert dem Kind, dass sein eigenes Erleben eingebettet ist in eine haltgebende Beziehung. Die **prompte Antwort** zeigt dem Baby, dass es nicht allein gelassen wird mit seinen heftigen Gefühlen oder seinen unverstandenen Impulsen. Indem die Eltern auf die kindliche Signale spiegelnd, lautmalerisch oder verstärkend reagieren, bekommt das Baby selbst eine Ahnung von seinem eigenen Innenleben und erkennt, dass seine Gefühle und Bedürfnisse zugelassen und verstanden werden und dass es sie teilen kann.
Wenn das Baby z. B. herzerweichend weint, wird die Mutter dieses Weinen vermutlich mit einem Nachahmen und einer leichten Übertreibung „spiegeln“. Sie wird nicht selbst traurig werden oder gar selbst weinen. Indem sie aber das kindliche Weinen aufgreift und auf diese spezifische Weise nachahmt, zeigt sie dem Baby, dass sie die kindliche Stimmung erkennt, versteht und darauf eingeht.

Angemessen reagieren

Die kindlichen Signale wollen wahrgenommen, registriert und beantwortet werden. Eine gewisse Offenheit für die Signale des Kindes ist somit zu begrüßen. Dennoch ist es nicht nötig, auf alle Signale intensiv und massiv zu reagieren. Manchmal reicht ein kleines Lächeln oder Nicken, ein kleines Brummen oder die Zuwendung des Kopfes. Man kann prompt und dennoch fein reagieren.

Man sollte die Signale des Kindes verstehen und auch dem Kind vermitteln, dass man seine Wünsche verstanden hat, das bedeutet aber nicht, dass alle Wünsche gleich befriedigt werden.

> **!** Feinfühlig wahrnehmen heißt nicht automatisch, alles zu tun, was das Kind will.

Die Angemessenheit der Antwort hängt vom Lebensalter des Kindes ab. Ein älterer Säugling oder ein Kleinkind sollte auch in der Lage sein, etwas auf die Erfüllung seiner Wünsche zu warten. Die Eltern können das vermitteln: „Du bekommst etwas, aber du musst ein bisschen Geduld haben." Ein Neugeborenes kann noch nicht warten – hier sollte schneller eine Befriedigung der Bedürfnisse erfolgen.

Angemessen sollte die Antwort auch hinsichtlich der eigenen Persönlichkeit sein. Ein Mann wird oftmals weniger intensiv reagieren, er bleibt mitunter in der Mimik sparsamer. Auch in anderen Kulturen sind die Signale in ihrer Intensität verschieden, obgleich die Grundstruktur der Kommunikation, nämlich die Zuwendung des Gesichtes, das verstärkende Nicken und eine gewisse Ammensprache sich auf der ganzen Welt gleichen.

Die Eltern als Container

Wenn sich die Eltern einem erregten Kind zuwenden, so werden sie vermutlich auch hier die Ammensprache anwenden. Sie werden die Erregung des Kindes ihrerseits aufgreifen und ausdrücken. Interessanterweise ist zu beobachten, dass auch die Bezugsperson im Kontakt mit einem erregten Säugling zunächst selbst etwas erregt scheint. Sie wird diese Erregung in eigene Worte fassen und in der Ammensprache ausdrücken. Das kann beispielsweise dann so klingen: „Hallo mein Schatz, warum schreist du denn so? Du bist ja ganz rot im Gesicht! Ja was ist denn nur los? Du Armer – du schwitzt ja richtig! Oh, oh, oh, oh! Komm! Lass mal die Mama schauen! Aha – du hast einen Stinker in der Hose! Ja dann! Ja, das erklärt ja alles. Das bekommen wir hin."

Während sie so spricht, wird ihre Stimme, die anfangs noch etwas aufgeregter klang, langsam ruhiger und etwas tiefer. Während sie nun das Baby wickelt, wird sie vermutlich weiter mit ihm sprechen und das Kind somit automatisch beruhigen. Einerseits kümmert sie sich angemessen um das Baby und tut das Notwendige, andererseits greift sie die Spannung des Kindes auf und lässt sich selbst davon anstecken. Indem sie nun *in sich selbst die Erregung herunterfährt*, wird sie zum Container, zum Behältnis der kindlichen Anspannung und kann diese in sich selbst verarbeiten und umwandeln. Am Ende dieser Sequenz erscheint die Mutter ruhig und gelassen und das Kind entspannt. Sie hat dem Kind damit geholfen, seine eigene Erregungsspannung loszuwerden und in die Mutter zu verlagern, die sich dann darum kümmert und stellvertretend für das Baby die Spannung managt.

Wichtig für das Gelingen dieser Interaktion ist dabei, dass die Mutter – wenn sie die kindliche Spannung aufgreift – weiß, dass sie die Erregung des Kindes bearbeitet und dass es nicht ihre eigene Spannung ist. Sie sollte deshalb *zwischen ihrer eigenen Emotionalität und der des Kindes unterscheiden können* und sich vorübergehend als Container zur Verfügung stellen.

Wenn Mütter (oder andere Bezugspersonen) Schwierigkeiten haben, die eigenen Gefühle und die des Kindes als jeweils unterschiedlich wahrzunehmen, wird das Herunterregulieren der Spannung schwieriger. Beide – Mutter und Kind – stecken sich mit der Erregung wechselseitig an und das Kind kann sich nicht mehr der mütterlichen Führung anvertrauen. Es kann in einer solchen Situation notwendig werden, dass die Mutter etwas mehr Zugang zu ihren eigenen persönlichen Gefühlen findet und ihre Gefühle bewusst von denen des Kindes unterscheidet. Es muss also ein gewisser Abstand zwischen Mutter und Kind hergestellt werden, damit sie wieder mehr bei sich selber sein kann.

Videos – das Unbewusste sichtbar machen

Viele Interaktionen laufen unbewusst in kürzester Zeit ab und sind der eigenen Wahrnehmung kaum zugänglich. Wer weiß schon, wie das eigene Gesicht aussieht und mit welchem Blick und welchen Gesten man gerade auf das Kind eingeht. Man kann getrost davon ausgehen, dass alle Eltern ihr

Bestes geben, um gute Eltern zu sein. Alle Eltern wollen, dass ihre Kinder zufrieden und glücklich sind. Die Zweifel an sich selbst und dem Kind tauchen dann auf, wenn es Schwierigkeiten gibt, die man nicht verstehen oder beseitigen kann. In dieser Situation können Videos Antworten geben. Daniel Stern, einer der wichtigsten Pioniere der Säuglingsforschung der schon in den 1980er-Jahren mit der Videobeobachtung begonnen hat, formulierte, dass man mit Videos das Unbewusste sichtbar machen könne. In der Säuglings-/Kleinkind-Eltern-Psychotherapie werden regelmäßig Videos eingesetzt und mit den Eltern betrachtet.

Man kann eine Wickel-, Fütter- oder Spielsituation filmen und hinterher gemeinsam mit der Mutter oder dem Vater anschauen, wie das konkret abgelaufen ist. Oftmals sehen die Eltern dann Details, die im Alltag kaum auffallen. Sie erkennen beispielsweise, dass sie sehr schnell füttern und dem Kind kaum Zeit lassen zu schlucken und den Mund wieder zu öffnen, sie erkennen mitunter, dass sie manche Signale des Kindes ignorieren und mitunter zu nah und bedrängend sind. Der Raum des Kindes wird nicht respektiert. Auch sehr schöne Szenen können so wahrgenommen werden, wenn das Kind beispielsweise die Mutter anlächelt oder die Mama liebkost. Mitunter sehen die Eltern erst im Video, wie zugewandt und liebevoll ihre Kinder sind – im Alltag wird ein solches Signal oft gar nicht registriert.

Trainingsmöglichkeiten

Wenn die intuitive elterliche Kompetenz, die Feinfühligkeit und das Aufnehmen und Ableiten der kindlichen Spannung (Container sein) bei eigener Anspannung und Belastung nicht verfügbar ist oder wenn man selbst aus einer Familie stammt, wo es daran gefehlt hat, ist es manchmal erforderlich, diese Dinge (neu) zu lernen.

Im Rahmen der Bemühung der Bundesregierung, Eltern mit Bindungsschwierigkeiten zu unterstützen, hat sich die Bundesinitiative „Frühe Hilfen" gebildet, die in allen Bundesländern Projekte und Beratungsstellen sowie therapeutische Einrichtungen zur Verbesserung der frühen Eltern-Kind-Beziehung fördert. Je nach Wohnort variieren die Angebote. Die Tabelle gibt einen Überblick über bewährte Projekte. Die Jugendämter der Stadt sind meist gut informiert und können beratend weiterhelfen.

Tab. 8-1 Projekte zur Unterstützung von Eltern

Projekt	Beschreibung
SAFE – Sichere Ausbildung für Eltern	Es handelt sich dabei und einen mehrwöchigen Kurs, der schon in der Schwangerschaft beginnt. Ziel des Kurses ist die Beförderung einer sicheren Bindung zwischen Eltern und Kindern.
STEEP™ – Steps Toward Effective Enjoyable Parenting: Schritte hin zu gelingender und Freude bereitender Elternschaft	Das Programm richtet sich besonders an Eltern in Belastungssituationen. Ziel ist es, die Eltern beim Aufbau einer gelingenden Eltern-Kind-Beziehung zu unterstützen. Das Programm setzt in der Schwangerschaft ein und wird bis zum zweiten Lebensjahr angewandt. Dabei kommen sowohl Einzelkontakte (Hausbesuche) mit videogestützter Beratung als auch Eltern-Kind-Gruppen zum Tragen.
PEKiP – Prager Eltern-Kind-Programm	Dies ist ein Konzept für die Gruppenarbeit mit Eltern und ihren Kindern im ersten Lebensjahr, das im Rahmen einer Krabbelgruppe den Prozess des Zueinanderfindens unterstützen soll und auf eine Frühförderung der Babys sowie einen Erfahrungsaustausch der Eltern abzielt. Es zielt eher auf gesunde Eltern und Kinder.

Fortsetzung Tab. 8-1 Projekte zur Unterstützung von Eltern

Projekt	Beschreibung
Starke Eltern – Starke Kinder	Dieses Programm des Deutschen Kinderschutzbundes richtet sich an alle Eltern und hat das Ziel, das Selbstbewusstsein der Eltern zu stärken, Konfliktbewältigung zu üben, Austausch zu fördern und über spezifische Erziehungsthemen nachzudenken.
Psychotherapeutische Eltern-Kind-Ambulanzen	In vielen Städten gibt es Psychotherapeutische Eltern-Kind-Ambulanzen in Kliniken, die verschiedene Angebote vorhalten. In der Klinik für Psychosomatik des Städtischen Klinikums Dresden-Neustadt kann die Psychotherapeutische Elternambulanz beispielsweise Einzel- und Gruppenangebote vorhalten. Bei manchen Angeboten können die Kinder dabeisein. Andere Kliniken bieten oft ähnliche Strukturen an. In Universitätskliniken werden solche Angebote z. T. mit Forschungsaufgaben verbunden.

Mandy übt sich im Erkennen und Verstehen der kindlichen Signale

Als es immer mehr Stress mit den Sozialpädagogen im Eltern-Kind-Haus gab, wurde für Mandy ein Termin in der Psychotherapeutischen Eltern-Kind-Ambulanz der Psychosomatischen Klinik am Ort vereinbart. Dort gab es eine Psychologin, die sich Zeit für sie nahm. Mandy hatte zuerst überhaupt keine Lust auf „so'nen Psychoquatsch", aber sie musste mindestens zehn Mal mit Frau Dipl.-Psych. S. reden. Das war die Auflage. Die Psychologin war ziemlich geduldig und vermittelte ihr, dass Justin schreit, weil er unglücklich und angespannt ist. Frau S. zeigte Mandy, wie man sein Kind beruhigen kann, indem man es besser verstehen lernt und genauer hinschaut. Sie hat sogar ein paar Videoaufnahmen mit ihr und Justin gemacht und danach haben sie sich gemeinsam angeschaut, was man beobachten kann.
Das war ziemlich spannend. Mandy hat – wahrscheinlich wegen ihrer kleinen Geschwister – Säuglinge früher als anstrengend und fordernd empfunden. Ständig haben sie irgendetwas gewollt und erwartet, dass

sich alles um sie dreht. Nun stellte sie fest, dass Justin überhaupt nicht so war und auch gar nicht so egoistisch war, wie sie gedacht hatte. Im Gegenteil – sie hat entdeckt, dass er sich ganz viel Mühe gibt, mit ihr in Kontakt zu kommen, sie zu erreichen, sie anzulächeln und sie zu berühren. Er hat sie lieb und zeigt ihr das auf seine Weise.
Nachdem Mandy das verstanden hatte, konnte sie seine Signale und Zeichen besser erkennen und darauf eingehen. Es war interessant zu beobachten, dass sich Justin ganz schnell beruhigte, wenn sie auf seine Signale einging. Er wurde dann ganz friedlich und lieb. In solchen Momenten war sie mit ihm sehr glücklich.

ÜBUNGEN

Gefühle erforschen

Gefühle und auch der körperliche Ausdruck von Gefühlen sind wichtig für uns. Wir bekommen darüber Rückmeldungen, wie es uns geht und was wir brauchen. Oft reicht es schon, ein bisschen sensibel dafür zu werden und die Informationen, die unser eigenes inneres Regelsystem zurückmeldet, zu beachten. Wir sind ein Container für unsere eigenen Gefühle, genauso wie wir ein

Container für die Gefühle unserer Kinder sind. Dieses Zuwenden, Wahrnehmen und ein bisschen Aushalten verwandelt die Gefühle, verwandelt die Spannung und hilft, aus dem Tun-Modus in den Sein-Modus zu wechseln.
Begeben Sie sich in Ihre bevorzugte Übungsposition und nehmen Sie sich bitte zunächst circa 10 Minuten Zeit um „anzukommen“, also um in Kontakt mit Ihrem Körper und Atem zu kommen. Wenn Sie auf Körper und Atem achten, so erkennen Sie, dass es einen Zusammenhang zwischen Körperempfindungen und Atemrhythmus mit Gedanken und Gefühlen gibt. Lassen Sie sich bitte etwas mehr auf die Körperempfindungen ein, die Sie wahrnehmen.
Vielleicht nehmen Sie wahr, dass Sie eine kleine Verspannung zwischen den Augenbrauen haben. Daran können Sie vielleicht erkennen, dass Sie etwas erschöpft und überreizt sind und zu viel arbeiten. Ein Druck in der Brust kann Ausdruck von Beklemmung oder Angst sein. Eine Anspannung in Schultern und Armen kann Ausdruck von Ärger oder Wut sein. Ein Erleben von Entspannung und innerer Gelöstheit geht zumeist mit dem Erleben von Freude und Heiterkeit einher.
Manche Gefühle zeigen sich nicht sofort, sondern verbergen sich hinter anderen Gefühlen oder tauchen daneben auf. Es braucht unsere Bereitschaft, wirklich hinzuspüren und die Gefühle einzuladen und zuzulassen. Sie werden vermutlich erkennen, dass es unterschiedliche, wechselnde und manchmal widersprüchliche Gefühle gibt. Das ist vollkommen normal. Vielleicht nehmen Sie ein Gefühl von Belastung und Sorge wahr. Wenn Sie diese Gefühle wirklich zulassen (und nicht gleich ignorieren oder verdrängen), so öffnet sich ein innerer Raum, der andere Gefühle mit sich bringen kann. So kann zum Beispiel dann ein Gefühl von Freundlichkeit auftauchen, mit dem Sie den schwierigen inneren Zuständen begegnen können. Dadurch verwandeln sich die schwierigen Gefühle und verlieren ihre unangenehme Qualität. Das Zulassen der Gefühle verwandelt diese und macht es uns möglich, mit ihnen umzugehen und auf ihre Botschaften zu achten.

Lieber hören statt lesen?
Diese Übung finden Sie auch als Audiodatei zum Download unter www.schattauer.de/3099.html

9 Was tun bei Hochstress?

Das Baby schreit stundenlang „wie am Spieß“, die Eltern sind verzweifelt und machen alles, damit es zur Ruhe kommt. Sie schaukeln es, lenken es ab oder gehen stundenlang spazieren. Sobald sie mit diesen Ablenkungs- und Beruhigungsstrategien aufhören, geht das Geschrei wieder los. Das kann Tage und Wochen so gehen und alle an den Rand der Verzweiflung bringen. Wie kommt man aus diesem Teufelskreis heraus? Wie kann es gelingen, so rasch wie möglich das Baby zu beruhigen und die Situation zu bewältigen?
Bei Stress reagiert der Körper in einer bestimmten Weise. Wir sehen es beim Säugling besonders gut: Die Muskulatur ist angespannt, die Atmung ist flach – auch wegen des Schreiens – und der Säugling macht sich steif. Er kann sich nicht beruhigen lassen, kann sich nicht anschmiegen oder trösten lassen. Obwohl er verzweifelt ist, kann er im **Hochstress** kaum Kontakt ertragen und sperrt sich gegen die Bemühungen seiner Bezugspersonen. Das Kind scheint in dieser Situation kaum zugänglich, die Welt kommt ihm offenbar als feindlicher und unsicherer Ort vor; und im Rahmen seiner begrenzten Möglichkeiten brüllt es seine Spannung heraus und verhindert zugleich einen gelingenden, tröstenden Kontakt.
Die Eltern werden umso hilfloser, je länger die Erregung und das Schreien andauern. Diese **Hilflosigkeit** löst einerseits negative Gefühle aus und auch negative Gedanken. Sie fühlen sich vielleicht als schlechte oder inkompetente Eltern und zweifeln an sich selbst. Da Gefühle ansteckend sind, geraten sie meist selbst immer mehr in den Teufelskreis von Anspannung und Erregung und verlieren ihre eigene sichere Basis und Fähigkeit, ihre eigenen Spannungen zu regulieren.
Da körperliche Spannungen nach Abfuhr und Aktivität verlangen, wollen sich auch die Eltern bewegen und machen stundenlange Spaziergänge, um sich selbst und ihre Kinder zu beruhigen. Leider kann die Zunahme von Aktivität und Bewegung die Anspannung noch mehr unterhalten. Alles wird unternommen, damit das Kind aufhört zu brüllen, aber es kommt damit nicht zur Entlastung oder zur Abreaktion von Erregung. Es finden **Ersatzhandlungen** statt, um die Erregung zu unterdrücken oder um zu verhindern, dass die Not einen überfordert, aber eine Lösung ist das nicht.

Die Eltern sind ganz und gar im **Tun-Modus** und nicht im **Sein-Modus**. Es wird *gegen* die kindlichen Gefühle gehandelt, statt diesen Raum oder Zuwendung zu geben. Die Eltern sind in einem ähnlichen verzweifelten Modus wie ihre Kinder und sind weder mit sich selbst noch mit ihren Kindern in einem guten Kontakt. Hochstress führt dazu, dass die Bindung verloren geht und sowohl das Kind als auch die Eltern außer sich geraten und den Bezug zur inneren Basis und Stabilität verlieren.

Eltern lenken und leiten

Es ist die Aufgabe der Eltern oder Bezugspersonen, dem Baby mit Ruhe, Stabilität und Sicherheit zur Seite zu stehen. Das Kind muss sich an seinen Eltern orientieren und in ihrem Gesicht kann es lesen, ob die jeweiligen Situationen und Zustände gefährlich und überfordernd sind oder ob man mit schwierigen Momenten klarkommen kann. Wenn also das verzweifelte Kind in das verzweifelte Gesicht einer überforderten Mutter blickt, dann wird es sich noch verlassener und trostloser fühlen, da es nirgends Hoffnung oder Zuversicht und Gelassenheit zu geben scheint.

Patrizia ist mit ihren Nerven am Ende

Es ist 20 Uhr. Maximilian schreit jetzt schon seit drei Stunden. Patrizia war den ganzen Nachmittag unterwegs mit ihm, damit er müde wird. Sie waren im Supermarkt einkaufen, danach noch zwei Stunden am Fluss spazieren und schließlich hat sie ihn gebadet, gewickelt und gestillt. Jetzt reicht es ihr. Sie will jetzt endlich ihre Ruhe haben und sich nicht noch länger um Maxi kümmern müssen.

Es ärgert sie auch, dass Alexander nicht kommt. Er hat versprochen, heute früh nach Hause zu kommen, hat es aber wieder angeblich nicht geschafft. Sie ist frustriert. Für was hält er sich denn? Sie hat auch Arbeit zu erledigen und kommt zu nichts, weil sie ständig das Kind an der Backe hat. Am liebsten würde sie Maximilian jetzt dort weiter schreien lassen und einfach ins Büro gehen – dort hätte sie dann wenigstens mal etwas Ruhe.

Wer einem Baby beistehen will und ihm Sicherheit und Orientierung geben will, muss bei sich selbst anfangen. Selbst wenn die kindlichen Gefühle eigene tiefsitzende Erinnerungen oder Ängste aktivieren, sollte man dennoch – im Interesse des Kindes – Strategien entwickeln, wie man aus Hochstress-Phasen herausfindet.

! Wenn ein angespanntes Kind spürt, dass die Eltern seine Anspannung wahrnehmen, aber selbst ruhig bleiben, dann findet es Orientierung und Halt.

Wenn die Eltern dem kindlichen Erleben Zuwendung und Interesse zukommen lassen, dabei aber auf ihrer eigenen stabilen Erwachsenen-Position bleiben, dann wird das Kind sich entspannen können. Es kann darauf vertrauen, dass die Erwachsenen kompetent sind und wissen, was zu tun ist. – Es kann sich auf sie verlassen und muss nicht ständig auf der Hut sein.

Eigentlich wollte Patrizia alles besser machen ...

Während Patrizia das noch denkt, erschrickt sie und merkt, wie unfreundlich sie gerade ist. Sie hört Maxis Schreien aus dem Schlafzimmer und erkennt, wie belastet er ist. Sie versteht, dass sie dabei ist, die Nerven zu verlieren. So weit will sie es nicht kommen lassen. Sie will keine Wiederauflage der Situation aus ihrem eigenen Elternhaus, als die Eltern ständig brüllten und prügelten. Sie will nicht werden wie ihre überreizte Mutter und ihr autoritärer Vater. Eigentlich wollte sie alles besser machen ...

Deeskalation

Wenn die heftigen Gefühle des überforderten und hilflosen Säuglings die heftigen Gefühle der Bezugsperson auslösen und diese auch hilflos und überfordert reagiert, geraten beide in einen Strudel, der die Symptomatik immer mehr verstärkt. Sobald die Mutter oder der Vater erkennen, dass sie Gefahr laufen, den Boden unter den Füßen zu verlieren und den elterlichen Verpflichtungen nicht mehr nachkommen zu können, muss die **Notbremse** gezogen werden.

Nun muss die erwachsene Bezugsperson sich zunächst um sich selbst kümmern, damit sie sich im zweiten Schritt angemessen und hilfreich um ihr Kind kümmern kann. Bei jeder Flugreise wird darauf hingewiesen, dass Eltern im Notfall erst sich selbst mit Sauerstoff oder einer Schwimmweste versorgen müssen und danach ihre Kinder. Auch bei anderen Notsituationen muss darauf geachtet werden, dass keine Panik aufkommt und dass der Rettungsprozess strukturiert und geordnet verläuft.

Auch wenn das Familiensystem durch das Schreien oder die Unruhe des Kindes belastet ist, darf nicht zugelassen werden, dass dieses haltgebende System überfordert und funktionsuntüchtig wird.

> **!** Die Eltern, die als Versorger und Garanten für das Leben und die Sicherheit ihres Kindes zuständig sind, müssen sich aus dem Hochstress befreien und wieder in einen Zustand kommen, in dem sie stabil sind.

Menschen haben unterschiedliche Techniken, um sich zu beruhigen und zu sammeln. Manchmal braucht man ein paar Minuten Ruhe, manchmal muss man die Tür zwischen dem Kinderzimmer und sich einige Zeit schließen, um den eigenen Körper, den eigenen Atem, die eigenen Gefühle wahrzunehmen. Wenn man sich von der Erregung des Kindes überfluten lässt, dann spürt man mitunter selbst nichts mehr als Anspannung und verliert den Kontakt zu einem gesunden und stabilen Selbsterleben. Somit ist es wichtig, sich vom Kind zunächst wieder ein wenig zu lösen, die **„Selbstanbindung“** (wie der Psychologe T. Harms es ausdrückt) wieder herzustellen und danach mit dieser abgegrenzten Sicherheit wieder auf das Baby zuzugehen.

Wer aufgrund schwerwiegender eigener Erfahrungen oder traumatischer Erinnerungen aus massivem Hochstress nicht herausfindet, sollte – im Interesse seines Kindes – mit therapeutischer Hilfe lernen, wie man sich stabilisieren kann. Das sogenannte **Skills-Training** hilft bei der Bewältigung von emotionaler Instabilität. Bestimmte Vorstellungen und Achtsamkeitsübungen können dabei unterstützen, Momente von Ruhe, Sicherheit und Abstand von belastenden Erfahrungen zu finden.

Gefühle bewusst zulassen

Der Ausstieg aus der Erregung kann gelingen, wenn wir die Erregung nicht nur bekämpfen und weghaben wollen, sondern die **Gefühle**, die mit der Erregung, auch der kindlichen Erregung, einhergehen, **zulassen**. Wenn die körperliche Anspannung, der gepresste Atem, die Gereiztheit und die perfektionistischen Vorstellungen, wie das Kind und man selbst sein sollte, für einige Zeit beiseite gelassen werden können, dann kann man sich dem zuwenden, was wirklich ist. Man sieht vielleicht eine Frau, die viel alleine ist, die glaubt, mit Leistung und Pflichterfüllung alle Lebensaufgaben meistern zu müssen und die ihre eigene Bedürftigkeit nur schwer zulassen kann. In Momenten des Scheiterns, in Momenten, in denen manches nicht funktioniert und die schöne Fassade Risse bekommt, kann aber der Zugang zu eigenen echten Gefühlen, zu den Signalen des Babys und zu einer emotionalen Kontaktebene gefunden werden, die mit Verstand und Willen nicht zugänglich ist.

Wenn Sie erkennen, dass das Geschrei und die Anspannung Ihres Kindes Sie belastet und stresst, so lenken Sie bitte in diesem Moment Ihre Aufmerksamkeit umgehend und bewusst auf sich selbst. Spüren Sie bitte in dieser schwierigen Situation Ihren eigenen Körper und nehmen Sie bewusst Ihren Atem wahr. Verlangsamen Sie Ihr gegenwärtiges Tun bewusst, vielleicht setzen Sie sich auch einige Momente hin. Lenken Sie dabei bewusst Ihre Aufmerksamkeit etwas weg von Ihrem Kind und achten Sie mehr auf sich selbst. Es ist wichtig, dass Sie zunächst in sich selbst eine gewisse Stabilität finden, bevor Sie sich Ihrem Kind zuwenden.

Während Sie also etwas aus dem unmittelbaren Geschehen mit Ihrem Kind heraustreten, um sich zunächst um sich zu kümmern, spüren Sie, wie es Ihrem Körper im Moment geht, ob er angespannt ist, ob er vielleicht eigene Bedürfnisse hat. Vielleicht frische Luft oder warme Socken, vielleicht einen

Tee? Eine Strickjacke? Bitte ignorieren Sie Ihre eigenen Bedürfnisse nicht. Achten Sie auch auf Empfindungen und Gefühle. Gibt es vielleicht gerade schwierige Gefühle? Gehen Sie nun in Kontakt mit den inneren Empfindungen, die da sind. Lassen Sie den Ärger, die Angst, das Gefühl des Alleinseins oder was auch immer aktiviert wurde, zu. Lassen Sie das zu, was sich meldet, und geben Sie diesen Empfindungen ein wenig Raum. Sie gehören zu Ihnen und Sie melden sich, weil sie Ihnen zeigen, wie es Ihnen geht und was Sie brauchen.

„Ach Schatz, ich versteh dich ja ..."

Wenn Sie sich nun wieder Ihrem (schreienden) Kind zuwenden, so machen Sie das jetzt mal mit halber Energie: 50 % der Aufmerksamkeit gilt dem Baby und dessen Bedürfnissen und 50 % der Aufmerksamkeit lenken Sie auf sich selbst und das, was Sie brauchen. Vielleicht können Sie einen Kompromiss finden und etwas tun, was beiden guttut: einen Spaziergang, ein Vollbad oder einen gemeinsamen Mittagsschlaf. Schauen Sie, was geht, aber vernachlässigen Sie sich selbst bitte nicht.

Patrizia spürt, wie verzweifelt und traurig sie selbst ist

Patrizia hört wie ihr Kind weint und sie erinnert sich plötzlich an die Atmosphäre im eigenen Elternhaus. Damals kam niemand zu ihr, um sie zu trösten oder in den Arm zu nehmen. Sie erinnert sich, wie wahnsinnig einsam sie sich oft gefühlt hat und sie erinnert sich, wie angespannt sie schon als kleines Mädchen oft war. Während diese Erinnerungen auftauchen, kommen ihr plötzlich die Tränen. Sie weint um das kleine Mädchen, das sie einmal war, das sich unentwegt bemüht und angestrengt hat, und sie weint um den kleinen Maxi, der jetzt auch alleine im Nebenzimmer liegt und weint. Und während sie weint und die Trauer zulässt, merkt sie, dass die massive körperliche Anspannung und die Nervosität, die sie schon den ganzen Nachmittag gespürt hat, nachlassen. Sie ist jetzt zwar noch traurig, aber ruhiger und gefasster. Sie entscheidet sich – obwohl es ihr nicht leichtfällt – Maxi noch ein paar Minuten alleine zu lassen und sich zunächst einen Tee zu kochen. So setzt sie sich in die Küche, trinkt den Tee in Ruhe und spürt dabei, wie der Tee sie innerlich etwas wärmt. Sie spürt ihren Atem und seufzt einige Male tief. Sie spürt, wie die Anspannung im Schulterbereich ein wenig nach lässt.

Nun geht sie zu ihrem Sohn, nimmt ihn auf den Schoß und spricht: „Du und ich haben es nicht immer leicht miteinander. Es tut mir leid, wenn ich manchmal so hart und unfreundlich bin. So will ich eigentlich gar nicht sein." Maxi sieht seine Mutter erstaunt an. Er weint immer noch, aber nicht mehr so aufgebracht und mechanisch, sondern irgendwie „echter". Patrizia legt ihn neben sich und so bleiben sie einige Zeit beieinander – auf irgendeiner tieferen Ebene sind sie sich im Moment wortlos nah. Als Alexander um 21 Uhr nach Hause kommt, liegen beide friedlich schlafend beieinander im Bett.

ÜBUNGEN

Die Bergmeditation – Stabilität entwickeln

Manchmal ist es gut, die eigene Stabilität bewusst zu stärken. Die Bergmeditation ist eine solche Übung. Dazu sollten Sie einen stabilen Sitz einnehmen. Empfehlenswert ist ein Sitz auf einem festen Kissen oder einer zusammengefalteten Decke, bei der die Knie auf dem Boden sind. Die Beine können z. B. vor dem Körper liegen oder nach hinten genommen werde. Wichtig ist die stabile und aufgerichtete Haltung. Sie können sich vorstellen, dass Sie wie ein Berg sitzen,

mit einer breiten Basis auf der Erde, stabil, fest, unverrückbar, aber nach oben aufgerichtet. Würdevoll, gerade, stoisch.
Nun wenden Sie sich Ihrem Körpererleben zu und nehmen sich Zeit, um Ihre Fußsohlen, Ihre Beine, Ihr Gesäß und Becken gründlich zu spüren. Sie spüren jeden Zentimeter, jeden Millimeter Ihrer Haut und der Hautempfindungen. Sie spüren auch den Druck Ihrer Füße auf den Boden oder Ihres Gesäßes auf dem Kissen oder Stuhl. Sie lassen sich immer mehr auf Ihrem Platz nieder, Sie nehmen diesen Platz wirklich ein. Es ist eine stabile Basis, auf der Sie unerschütterlich ruhen und die Ihnen einen Halt für die Beobachtung Ihrer Wahrnehmungen gibt. Von dieser Basis richten Sie sich – Wirbelkörper für Wirbelkörper – auf und nehmen eine gerade und würdevolle Haltung ein. Die Wirbelsäule ist wie ein Stab, der Sie von innen stabilisert und an den Sie sich von innen anlehnen können. Der Scheitel richtet sich zur Decke, das Kinn ein wenig zum Brustbein, damit der Nacken gestreckt ist. Ihr Kopf ist, wie der Gipfel des Berges, im Himmel. Er ist frei und hat den Überblick. So sitzen Sie und spüren Ihren Körper und Ihren Atem.
Wenn nun welchselnde Empfindungen, Gefühle, Stimmungen oder Vorstellungen auftauchen, so betrachten Sie diese Phänomene wie Wolken, die vorüberziehen. Sie nehmen Ihre Empfindungen, Gefühle und Gedanken zwar zur Kenntnis und spüren für einige Momente die damit verbundenen Wahrnehmungen, aber Sie lassen Ihre Empfindungen, Gefühle und Gedanken dann auch wieder los und kehren zur Körper- und Atembeobachtung zurück.
Mit etwas Abstand beobachten Sie das Auftauchen und das Verschwinden der Empfindungen, Gefühle und Gedanken, die wie Wolken am Himmel auftauchen und vorbeisegeln. Lassen Sie sie kommen und gehen und achten Sie dabei auf Ihren Körper, Ihren Atem und den weiten, offenen Raum Ihres inneren Erlebens.

Lieber hören statt lesen?

Diese Übung finden Sie auch als Audiodatei zum Download unter www.schattauer.de/3099.html

10 Die Gespenster vertreiben

Grundmuster psychischer Störungen

Ein Kind ist oft ein starker Anreiz, um manches im eigenen Leben zu ändern oder zu verbessern. So ist man beispielsweise eher dazu bereit, ein Suchtproblem anzugehen, wenn man schwanger ist, als wenn das eigene Suchtverhalten niemanden betrifft. Die Liebe zu dem Kind und die Verantwortung für das kleine Wesen kann eine Wendung im Leben bewirken, die man möglicherweise nicht anstreben oder erreichen würde, wenn das eigene Verhalten niemand anderen tangiert.
Im Folgenden werden wieder einige typische therapeutische Grundmuster psychischer Probleme dargestellt. Es handelt sich um neurotische Störungen, strukturelle Störungen und posttraumatische Störungen. Diese werden getrennt voneinander dargestellt, da der therapeutische Behandlungsansatz hier jeweils unterschiedlich ist. Wie immer in der Psychotherapie ist aber jeder Fall einzigartig und bedarf eines individuellen Zuganges und Verständnisses – dies ist nur im persönlichen Gespräch zu erreichen.

Konflikthafte Beziehungsmuster

Bereits Sigmund Freud hat darauf verwiesen, dass wir in unbewusster Weise dazu neigen, Verhaltensweisen zu wiederholen, die schädigend sind. Es kann vorkommen, dass man genau die gleichen Sätze spricht oder Handlungen vollzieht, die man an seinen Eltern schon gehasst hat. Wenn einem dies bewusst wird, dann ist der erste Schritt zur Einsicht und somit Veränderung getan.
Eine Verhaltensänderung braucht Zeit und die innere Erlaubnis, anders und freier sein zu dürfen als die eigenen Eltern. Manchmal fällt es jungen Eltern nicht leicht, ihren eigenen Weg zu gehen. Sie fühlen sich ihren Eltern und deren Regeln noch verpflichtet. Bisweilen regieren auch die Eltern und Schwiegereltern in die junge Familie hinein und verursachen damit

Probleme. In einer solchen Situation ist Abgrenzung und Klarheit gefragt. Manchmal braucht man therapeutische Unterstützung, um seinen eigenen persönlichen Weg zu finden und dann auch zu gehen.

Strukturelle Defizite

Wer selbst eher vernachlässigt wurde oder wenig Unterstützung und Förderung erfahren hat, konnte die eigenen kindlichen Spannungen meist nicht durch haltgebende Beziehungserfahrungen bewältigen lernen. Er oder sie musste Wege finden, wie man mit heftigen Empfindungen alleine klarkommt. Dabei wurde oft die Erfahrung gemacht, dass Alkohol, Drogen oder auch selbstverletzendes Verhalten die Spannungen vorübergehend mildern kann. Auch Essstörungen, die sich meist durch zu viel oder zu wenig Essen darstellen (manchmal auch die Kombination von beidem) sowie andere psychische Störungen können die Funktion haben, die innere Spannung zu unterdrücken bzw. darauf hinzuweisen, dass manches nicht so gut läuft.

Borderline-Störung

Marsha Linehan, eine wichtige Borderline-Expertin, sagt zu diesem Phänomen: „Borderline-Patienten sind für ihre Störung nicht ursächlich verantwortlich, sie sind aber heute dafür verantwortlich, einen konstruktiven Umgang mit ihrer Problematik zu finden."
Sie entwickelte die **DBT (Dialektisch-Behaviorale Therapie)** für die Behandlung von Menschen mit emotional instabilen Persönlichkeitsstörungen. Dabei lernen die Betroffenen, ihre Spannungszustände einzustufen und je nach Intensität der Anspannung geeignete Maßnahmen zu ergreifen, um „wieder runterzukommen". So helfen Achtsamkeitsübungen bei niedrigem Stress und um sich insgesamt besser zu stabilisieren, bei mittlerem Stressniveau helfen zwischenmenschliche Skills (Fertigkeiten) und im Hochstressbereich werden Skills-Ketten eingeübt, um Schritt für Schritt wieder aus diesem Zustand herauszukommen. Die Patienten erstellen einen sogenannten **„Notfallkoffer"**, der für Krisen gedacht ist. Ziel ist es, vorbeugend Strategien und Schritte einzuüben und zu planen, die im Notfall helfen können.
Da Eltern mit Borderline-Störungen mitunter sehr schnell in Erregungszustände geraten können und dann möglicherweise die Kontrolle verlieren

und ihre Kinder schädigen, ist ein solches Programm sehr zu empfehlen. In Psychiatrischen und Psychosomatischen Kliniken wird es meist angeboten, manchmal auch in Psychotherapeutischen Praxen. Solch eine Behandlung ist auch für Menschen empfehlenswert, die süchtig geworden sind. Voraussetzung zur DBT-Behandlung ist aber in der Regel, dass zuerst eine erfolgreiche Suchttherapie erfolgt ist und eine sechsmonatige Abstinenz nachgewiesen werden kann.

Liliana lernt im Skills-Training mit ihrem Stresserleben umzugehen

Nach der fürchterlichen Nacht, in der sie Lucia geschlagen hat, fasst Liliana den Entschluss, sich in Therapie zu begeben. Sie ahnt, dass es wieder zu solchen Vorkommnissen kommen könnte, wenn sie nicht lernt, wie sie aus dem Teufelskreis ihrer eigenen Anspannung und negativen Gefühle herauskommt.

Eine Freundin hat ihr von dem Skills-Training erzählt, das in der Psychotherapeutischen Elternambulanz am Ort vermittelt wird. Sie organisierte sich einen Termin und führte zunächst einige Gespräche mit einer Psychotherapeutin, in welchen man auf ihre eigene komplizierte Familiengeschichte einging und mit ihr entdeckte, dass sie durch Lucias Weinen an eigene belastende Kindheitserinnerungen erinnert wurde.

Liliana verstand, dass sie immer wieder mit Lucia gemeinsam in Übererregungsspiralen rutschte, die sie ohnmächtig und hilflos werden ließen. Sie bekam dann den Eindruck, mutterseelenallein zu sein und niemanden auf der Welt zu haben, der ihr zur Seite steht. In solchen Momenten wurde sie immer aufgelöster und haltloser und zugleich immer aggressiver und verzweifelter.

In der Ambulanz bekam sie die Möglichkeit, ihr Stresssystem besser kennen zu lernen, auslösende Situationen zu erkennen und auf die Intensität des Stresserlebens Einfluss zu nehmen. In der Gruppe waren noch einige andere „Chaoten" wie sie: ein bisschen durchgeknallt, aber sympathisch. Es entwickelten sich sehr unterstützende Beziehungen. Sie fühlte sich wie in einer sportlichen Trainingsgruppe, aber statt auf einen Marathon trainierte man Stressbewältigungstechniken und tauschte sich darüber aus.

Traumatische Erfahrungen

Wer in früherer Kindheit oder auch in jüngerer Vergangenheit Dinge erlebt hat, die sie oder ihn massiv emotional überfordert haben, hat unter Umständen eine **posttraumatische Belastungsstörung** entwickelt. Solche Erfahrungen sind z. B. körperliche oder psychische Gewalt oder auch sexuelle Übergriffe. Am schwierigsten ist es für ein Kind, wenn ein Mensch, dem das Kind vertraut, plötzlich böse wird und Dinge tut, die sehr verletzend und verstörend sind. Ein Kind, das ursprünglich vielleicht fröhlich und unbekümmert im Matsch spielen konnte, wird nach einer solchen Erfahrung möglicherweise ängstlich, gehemmt und furchtbar unsicher. Es verändert sich in seiner Persönlichkeit und entwickelt **Schutz- und Abspaltungsmechanismen**.
Es wird versucht, die belastenden Erinnerungen abzuspalten oder wegzudrücken, aber diese tauchen immer wieder auf, selbst wenn das nicht erwünscht ist. So können Albträume mit den entsprechenden Bildern auftreten, der Schlaf wird dann oberflächlich oder kurz. Die Erinnerungen können unter Umständen plötzlich auftauchen und einen mitten am Tag lahmlegen oder massiv belasten. Die dauernde Anspannung, die damit einhergeht, dass man gewisse Erinnerungen oder Gefühle nicht zulassen kann, führt zu einer **Hypervigilanz** (Übererregung, übergroße Wachheit), die mit einem Gefühl von Bedrohung und Angst verbunden ist. Diese Angst und Hypervigilanz wird durch die Unruhe und Angst des eigenen Kindes mitunter massiv verstärkt. Es scheint dann in diesem inneren Erleben von Hilflosigkeit und Ausgeliefertsein keinen Ausweg zu geben.
Eltern mit einem posttraumatischen Stresssyndrom können dabei unterstützt werden, ihre eigene psychische Basis zu sichern. Sie können lernen,

dass die vergangene Bedrohung hier und heute vorbei ist, dass die heutige Angst keine begründete Ursache hat, sondern eher ein automatisiertes Vorgehen ist, dem man entgegentreten kann. So können z. B. bestimmte Vorstellungsübungen, wie sie die Psychotherapeutin Luise Reddemann für diese Patientengruppe entwickelt hat, äußerst hilfreich sein. Es wird dabei Einfluss auf die geistige Verfassung – also auf den Zustand des eigenen Geistes (entpannt, offen, eingeengt, depressiv usw.) – genommen und daran gearbeitet, diesen in einen ausgeglichenen Zustand zu bringen.

Wenn die posttraumatische Belastungsstörung im Rahmen gewalttätiger, übergriffiger oder liebloser familiärer Strukturen entstanden ist, so braucht es meist länger, um aus der Haltung von Selbstvernachlässigung – die man ja gut kennt – herauszufinden und sich selbst und sein Kind mit Interesse, Freundlichkeit und vielleicht sogar Liebe wahrzunehmen und gut zu versorgen.

Marina lernt, für sich einzustehen statt wegzudriften

Marina wurde, wenn sie unter Anspannung geriet, ganz still und starr. Sie schien sich dann in sich selbst zurückzuziehen. In eine innere Welt, in der sie Zuflucht fand, wenn die äußere Welt zu bedrohlich

war. Sie hat sich schon als Kind in diese Welt geflüchtet. Dann war es nicht mehr so schlimm, wenn sie geschlagen wurde oder wenn der Stiefvater ihr zu nahe kam.
Wenn ihr eigenes Kind laut wurde oder wütend, dann war das für Marina oft zu viel. Sie wusste zwar, dass sie Lukas eine Grenze setzen sollte, aber das fiel ihr unendlich schwer. Sie konnte einfach nicht schimpfen oder streng sein. Das Kind nutzte das natürlich aus und fing an, seine Mutter immer weniger ernst zu nehmen.
In der Psychotherapeutischen Elternambulanz wurde Marina vermittelt, dass sie aufgrund dieser Erstarrung manchmal wie gelähmt ist und dass dieses „Wegdriften" eine Schutzmöglichkeit war, um Verletzungen nicht an sich heranzulassen. Es wurde ihr aber auch vermittelt, dass sie damit andere – z. B. auch ihren Sohn – dazu einlädt, über ihre Grenzen zu gehen und sie nicht zu respektieren. Marina musste also – Schritt für Schritt – lernen, dass sie das Recht hat, ihre eigenen Bedürfnisse zu vertreten und sich abzugrenzen, dass auch sie, bei Bedarf, klar und deutlich ihre eigene Meinung vertreten darf.

Säuglings-Kleinkind-Eltern-Psychotherapie

Es gibt verschiedene Ansätze in der Säuglings-Kleinkind-Eltern-Psychotherapie, die von verhaltenstherapeutischen Trainingsprogrammen über systemische Therapieansätze, körpertherapeutischen Zugängen bis hin zu tiefenpsychologischen und psychoanalytischen Verfahren reichen. Im letzteren Fall wird besonders auf die unbewussten Konflikte in der Familie und auf unbewusste Wiederholungstendenzen geachtet.
In der Therapie wird zunächst auf den Anlass des Kommens geachtet und beobachtet, welches Problem der Vater/die Mutter mit ihrem Kind schildern. Da der Umgang mit dem eigenen Kind durchaus individuelle psychische Schwierigkeiten verstärken oder zum Ausbruch bringen kann, braucht es Verständnis für die jeweiligen körperlichen, seelischen und sozialen Nöte von Vater, Mutter und Kind. Die Kommunikationsformen (z. B. direkt oder indirekt, aktiv oder passiv) und die typische Form der Beziehungsgestaltung werden in den Blick genommen. Die Beziehungsqualität zwischen den

Eltern und auch deren Fähigkeit, sich in die Welt des anderen und auch die Innenwelt des Kindes feinfühlig einzufühlen wird gesehen. Schließlich wird die Funktion des Kindes im familiären Gesamtsystem beobachtet und die Zuschreibungen der Eltern auf das Kind untersucht. Somit werden die unbewussten Zwänge, Ängste und Ausgleichsversuche zugänglich und besprechbar.

Wie wirkt die Therapie?

Indem die Eltern ihr Problem mit dem Kind außerhalb der Familie mit außen stehenden Ansprechpartnern besprechen, steigen sie aus dem Automatismus unbewusster Gefühle, Impulse und Handlungen aus. Dies ist ein wesentlicher Schritt heraus aus dem Teufelskreis der Erregung und Wiederholung – immerhin haben die Eltern eine Vorstellung davon, dass es so nicht weitergehen soll und dass es alternative Möglichkeiten gibt.
Indem die Eltern ihre eigenen Spannungen äußern dürfen und Raum für ihre Klage zur Verfügung steht, können sie sich entlasten, machen sie die Erfahrung, dass sie verstanden werden und dass ihr Tun auch irgendwie Sinn macht. Schließlich erfahren sie, dass man nicht immer nur tun und handeln muss, sondern dass das Zuhören, das Zulassen, das Raumgeben und das Seinlassen wichtige, hilfreiche Qualitäten sind. Sie erfahren, dass der Therapeut gelassen mit den Stressmomenten umgeht, und können sich daran ein Beispiel nehmen und lernen, ähnlich mit ihren Säuglingen umzugehen.
Wenn einige Grundlagen im Umgang mit Kindern verstanden werden, beispielsweise dass Kinder die elterliche Stabilität benötigen, um sich entspannen zu können, dass sie die zwischenmenschlichen Konflikte des Paares aufnehmen und ausdrücken, dass sie die Orientierungslosgkeit der Eltern spiegeln, dann können Eltern lernen, nicht nur auf das Baby zu starren, sondern ihre eigenen Themen anzupacken und zu klären. Dies entlastet das Kind und bringt das familiäre System in eine funktionstüchtige Ordnung. Die Kinder haben nicht mehr die Verantwortung für das seelische Wohlbefinden ihrer Eltern, die Eltern können in eine reife Erwachsenen- und Paarrolle hineinfinden und sich von ihren eigenen Eltern (und deren unbewusst wirksamen Botschaften) befreien. Indem in der Therapie gelernt wird, wie man seelischen Empfindungen Worte gibt und Widersprüchliches zugelas-

sen werden kann, kann auch in der Paarbeziehung geübt werden, inneres Erleben auszudrücken und zuzulassen. Diese Fähigkeit ist das Geheimnis für den Ausstieg aus Widerholungsschleifen von Generation zu Generation und selbstschädigendem Handeln. Unsere Fähigkeit, miteinander zu kommunizieren und uns in andere einzufühlen, ist das Besondere an unserem Menschsein.

ÜBUNGEN

Selbstzuwendung – Zuwendung zum inneren Kind

Wenn es Ihnen nicht so gut geht, dann stellen Sie sich vor, dass Sie ein kleines Kind sind, das vielleicht etwas Kummer hat. Wählen Sie bitte für die Übung einen kleinen Schmerz, der Sie nicht überfordert. Vielleicht tut Ihnen etwas weh oder Sie sind traurig, weil Sie sich nicht verstanden oder gemocht fühlen. Solche Gefühle haben Sie heute manchmal, aber Sie haben sie früher auch schon gehabt. Nehmen Sie sich Zeit, wirklich zu spüren, wie es dem Kind in einer solchen Situation geht oder früher gegangen ist. Vielleicht können Sie sich das Kind, das Sie einmal waren, sogar vorstellen und Sie sehen wie alt es ist und wie es aussieht. Vielleicht können Sie nun, wenn Sie sich dieses inneren Kindes annehmen, spüren, was es jetzt im Moment braucht und was es sich wünscht.

Nehmen Sie sich etwas Zeit, um mit diesen Empfindungen, Gefühlen und Bedürfnissen in einen inneren Kontakt zu kommen. Nehmen Sie diese Bedürfnisse bewusst wahr.

Nun stellen Sie sich vor, dass Sie als erwachsener Mensch, der Sie heute sind, sich diesem inneren Kind zuwenden. Sie erkennen, dass das Kind Kummer hat. Sie spüren Anteilnahme und Interesse und wollen verstehen, was los ist. Sie fragen es, wo es wehtut, was passiert ist und wie dem Kind jetzt zumute ist. Sie wenden sich Ihrem inneren Kind anteilnehmend zu und nehmen es in Ihrer Vorstellung auf den Schoß und trösten es. Vielleicht wischen Sie ihm die Tränen ab und putzen ihm die Nase. Vielleicht wiegen und schaukeln Sie es etwas oder singen oder sprechen ihm etwas vor. Das können Sie in Ihrer Vorstellung oder auch zum Teil tatsächlich machen – schauen Sie, wie es am besten zu Ihnen passt.

Nachdem Sie so in Kontakt mit diesem bedürftigen und kindlichen Anteil von sich getreten sind, wollen Sie vielleicht aktiv werden und etwas Wohltuendes machen. Vielleicht kochen Sie sich (und somit auch Ihrem inneren Kind) einen Tee oder warmen Kakao oder machen etwas Aktives, das dem Kind guttut. Es wird Ihnen sagen, was es braucht und sich wünscht, wenn Sie gut zuhören. Sie werden erfahren und spüren, was zu tun ist, damit der Schmerz aufhört oder weniger wird.

Lieber hören statt lesen?

Diese Übung finden Sie auch als Audiodatei zum Download unter www.schattauer.de/3099.html

11 Achtsamkeit im Alltag mit Kindern

Sie haben in diesem Buch am Ende der Kapitel jeweils eine Übung gefunden. Ziel dieser Übungen war es, Ihnen einen Zugang zur Qualität der Achtsamkeit und der mitfühlenden Zuwendung zu sich selbst und Ihrem Kind zu eröffnen. Wir sind in einem anderen inneren Zustand, wenn wir achtsam sind. Dieser Zustand zeichnet sich durch eine gewisse Gelassenheit, Ruhe und „bei sich selber sein" aus. Man könnte sagen, dass Achtsamkeit den Zugang zur eigenen Seele eröffnet und auch den Kontakt zum seelischen Erleben anderer, z. B. des Kindes, des Partners oder anderer Menschen, mit denen man im Kontakt ist.

Achtsamkeit ist aber auch eine praktische Methode, die man üben und erlernen kann und die den Ausstieg aus stressigen inneren Zuständen ermöglicht. Die Achtsamkeitspraxis stammt ursprünglich aus dem Buddhismus, wo sie als das Herz von Buddhas Lehre gilt. Seit circa 30 Jahren wird Achtsamkeit im psychotherapeutischen Rahmen vermittelt. Man muss aber kein Buddhist sein oder werden, um von der Praxis zu profitieren.

Eine gängige Definition von Achtsamkeit stammt von Jon Kabat-Zinn, der als Erster einen MBSR-Kurs (achtsamkeitsbasierte Stressreduktion) entwickelt hat, in welchem Achtsamkeit acht Wochen lang geübt und praktiziert wird.

> **!** Achtsamkeit ist ein Prozess, bei dem die Aufmerksamkeit absichtsvoll, nicht-wertend auf den Gegenwartsmoment gerichtet ist.

Man unterscheidet die nach innen gewandte Achtsamkeit, bei der beobachtet wird, was gerade im eigenen Kopf vor sich geht, und die nach außen gerichtete Achtsamkeit, bei der man sehr bewusst mit der Umwelt interagiert und die Tätigkeiten ausführt, die gerade zu tun sind.

Nach innen gerichtete Achtsamkeit

Bei der meditativen Achtsamkeit geht es darum, zur Ruhe zu kommen und nach innen zu blicken, um wahrzunehmen, was im Moment im eigenen Kopf los ist. Dabei setzt man sich bewusst ruhig hin, damit die allgemeine Unruhe und Bewegtheit etwas nachlässt. Das ermöglicht dann, den eigenen Geist etwas klarer wahrzunehmen.

So wird man feststellen, dass körperliche Phänomene, Empfindungen, Willensimpulse, Gedanken und verschiedene Bewusstseinszustände auftauchen und vorbeiziehen. Es gibt die unwillkürliche Tendenz, alle diese Gedanken sehr ernst zu nehmen, zu analysieren, ihnen nachzugehen und rationale Lösungen für diese emotionale Probleme zu suchen (was nicht gelingen kann). Aber es ist auch möglich, den ununterbrochenen Gedankenstrom durch sich hindurchziehen zu lassen und sich nicht in den Denkinhalten zu verwickeln. Dabei werden die Wahrnehmungen, Empfindungen, Gefühle und Gedanken lediglich als wechselnde Momente erlebt, die sich ununterbrochen verwandeln. Das Kommen und Gehen lässt sich beobachten. Dabei ist man nicht im Fluss der Gedanken, sondern hat eine stabile Position von der aus auf die Gedanken geblickt werden kann, ohne in den Gedanken zu versinken.

Sie haben am Ende der Kapitel verschiedene Formen von Achtsamkeitsmeditationen gefunden. Es handelt sich dabei um Übungen, die eher alleine und im Stillen praktiziert werden. Sie können sich die Übungen auch anhören. Bitte probieren Sie aus, was Sie anspricht und was bei Ihnen klappt. Wenn Sie Zugang zu dieser Technik finden, dann ist es empfehlenswert, sich dafür täglich bewusst Zeit zu nehmen. Am besten ist eine feste Zeit am Tag und eine festgelegte Zeitdauer, z. B. 25 Minuten. Vielleicht muss man sich aber auch nach den Ruhephasen des Kindes richten. Es ist aber auch möglich, das Stillen, Ruhephasen mit dem Kind oder friedliche Momente im Alltag dafür zu nutzen, um in den inneren Zustand der Achtsamkeit zu finden.

Nach außen gerichtete Achtsamkeit

Nach außen gerichtete Achtsamkeit heißt, dass die Achtsamkeit auf die bewusste Wahrnehmung der Umwelt und des eigenen Tuns gelenkt wird. Dabei achtet man darauf, wie man selbst mit der Umwelt interagiert, also z. B. wie man die eigenen Sinnesorgane verwendet, wie bewusst man Handlungen vollführt und wie achtsam man mit seiner Umwelt und seinen Mitmenschen umgeht.

Sinnesbezogene Übungen

Unsere Umwelt erschließt sich uns über unsere Sinnesorgane. Achtsame Wahrnehmung heißt in diesem Zusammenhang, dass wir uns bewusst Zeit nehmen, um sinnliche Wahrnehmungen zu erleben. Wir vermitteln unserem kritischen und wertenden Geist, dass er sich jetzt etwas zurückhalten muss, um den Sinnesorganen die Zeit zu geben, die sie brauchen, um Wahrnehmungen wirklich zu erleben.

Riechen

Der Prozess des Riechens hat unmittelbare Auswirkung auf unser emotionales Erleben, da das Riechhirn mit dem limbischen System des Gehirns eng verbunden ist, dem Ort, wo Gefühle entstehen. Man kann das Riechen somit auch bewusst dafür nutzen, um auf Gefühle Einfluss zu nehmen. Sie können – immer auch mit Ihrem Kind – verschiedene Duftstoffe wie z. B. Nelken, Zimt, Rosen, Seife, Lavendel, Vanille bewusst riechen. Sie werden feststellen, dass Sie umso mehr riechen können, je entspannter und offener Sie sind. Sie werden aber auch feststellen, dass das Riechen selbst Sie entspannt und dass Sie sich nach einer Riechübung wohler fühlen.

Wenn Sie im Alltag unterwegs sind und z. B. Wäsche waschen, im Park spazieren gehen oder Ihr Kind baden, so nehmen Sie sich ein paar Sekunden Zeit, um bewusst zu riechen. Sie werden merken, dass es eine Fülle interessanter, anregender und angenehmer Aromen gibt, die man niemals wahrnehmen würde, wenn man nicht darauf achtet.

Hören

Meist ordnet man einem Geräusch gleich einen Begriff oder die Vorstellung von etwas zu. Ein bestimmtes Geräusch wird beispielsweise einem Auto und zwar einem VW-Passat zugeordnet, ein anderes Geräusch wird einer menschlichen Stimme, z. B. der des Nachbarn zugeordnet. Die Geräusche werden somit meist immer im Zusammenhang mit dem Verursacher der Geräusche gebracht und nicht pur und ohne Ursachenzuschreibung wahrgenommen. Das ist aber möglich und interessant. Wenn Sie sich beispielsweise mit geschlossenen Augen nur auf die Geräuschwahrnehmung konzentrieren, dann hören Sie eine Fülle unterschiedlicher Klänge: kurze und lange, nahe und entfernte, einzelne und zusammengehörende. Plötzlich wird beispielsweise ein Klang, den man unter anderen Umständen als störend bewerten würde, interessant. Das Hundebellen, das sonst eher nervt, erscheint als ein Anschwellen und Abschwellen von Klängen, welche aus einer Stille heraus erscheinen und wieder in die Stille münden. Man kann sogar die Stille trotz des Lärms und hinter dem Lärm hören.
Natürlich kann man auch anderes bewusst hören, z. B. ein Musikstück – unabgelenkt und ohne Multitasking – Vogelgezwitscher, den Klang der Straße, der Wohnung, der Stimmen in der Familie. Auch Hörübungen kann man mit Kindern gut machen. Man wird dabei zum Forscher, der die eigenen Sinnesorgane entdeckt und ausprobiert.

Sehen

Das Sehen nutzen wir meist, um unsere Umwelt schnell und umfassend abzuscannen und zu erfassen, wie die gegenwärtige Situation ist. Das ist sinnvoll und nützlich und erlaubt uns ein schnelles Reagieren auf die jeweiligen Umweltreize. Dabei kommt aber der Akt des Sehens selbst zu kurz. Wenn wir achtsames Sehen praktizieren wollen, müssen wir auch hier langsamer werden, genauer werden und lernen, uns mit unseren persönlichen Meinungen etwas zurückzuhalten.
Man kann mit dem Sehen experimentieren und spielen (immer auch mit Kindern). So kann man z. B. den akuraten Nahblick einstellen, der unglaublich viele Details sieht und den weichen Fernblick, der eher das Meer von Farben und Formen erfasst und einen allgemeineren Blick auf die Phänomene hat. Beispielsweise kann man sich an das Fenster stellen und mit Nah- und

Fernblick experimentieren und ausprobieren, wie das jeweilige Sehen die eigene Stimmung beeinflusst.
Mit Kindern kann man folgende Übung machen: Man dreht sich ganz langsam im Kreis (10 Minuten lang) und alle 2 Minuten wird genau beschrieben, was man gerade jetzt sieht. Man erkennt dadurch, dass sich das Gesichtsfeld permanent verändert und dass wir unsere Wahrnehmung aus lauter unterschiedlichen Details und Beobachtungen zusammensetzen. Man kann sich beispielsweise auch vorstellen, dass die eigene Wohnung ein Museum für moderne Kunst ist und dann schaut man die Toilette, den Wasserhahn, die Handtücher oder die Teppichfransen wie Kunstwerke an, die man noch nie zuvor gesehen hat. Das lässt die Wahrnehmung frischer werden und beugt Langeweile vor.

Schmecken

In fast allen Achtsamkeitskursen gibt es die Rosinenübung bei der eine Rosine ganz langsam gegessen wird. Es wird dabei auch auf den Geruch, das Aussehen, die Berührungswahrnehmung geachtet und darauf, wie die Rosine im Mund wahrgenommen wird, wie sie langsam ihren Geschmack entfaltet, wie unterschiedlich die Haut und das Fruchtfleisch erscheinen und schmecken und wie kraftvoll das Kauen, Zermalmen und Runterschlucken ist. Erstaunlich ist, wie lange der Geschmack der Rosine nachklingt.

In ähnlicher Weise kann man vieles andere achtsam schmecken: das Brot, den Kaffee, die Milch, den Apfel … Sobald man sich Zeit für die bewusste Wahrnehmung nimmt, öffnet sich ein Kosmos an vielfältigen Wahrnehmungen, welche sinnlich bereichernd, lustvoll und vielseitig sind. Mit Kindern macht das Schmecken von Obst, Schokolade (nur einem Stück!) und anderen guten Sachen Spaß. Es ist eine Möglichkeit, Genuss und differenzierte Wahrnehmung zu fördern.
Solche Übungen sind auch Gegenübungen gegen gieriges Essen und süchtiges Schlingen.

Tasten und Spüren

Empfinden und Spüren ist sehr davon abhängig, wie entspannt und offen wir sind. Wenn man sehr gestresst ist, spürt man nicht, wenn einen der Partner streichelt oder das Kind küsst. Man spürt weder den Wind im Haar noch die Sonne auf der Haut. Es kann theoretisch vorkommen, dass vieles gut ist, man es aber selbst nicht erkennen kann, weil man es nicht spüren kann. Deshalb macht es durchaus Sinn, auch dem Tasten, Berühren und den Empfindungen der Haut Achtsamkeit zukommen zu lassen.
Mit einem Kind machen Tast- und Spürübungen viel Spaß. Man kann ausprobieren, wie eine Feder kitzelt, wie hart ein Stein ist, wie rau eine Rinde

und wie zart ein Fell. Kinder lieben das Streicheln von Tieren und haben ein großes Bedürfnis nach Hautkontakt. Dieses Bedürfnis kann man als Eltern unmittelbar auch für sich selbst nutzen und gemeinsam mit dem Kind die Welt entdecken: das Frottee des Badetuchs, den kalten Steinboden, den weichen Teppich und das warme Holz. Wann immer möglich, sollte man seine Schuhe ausziehen und mit nackten Füßen laufen, die Kinder nackt auf der Wiese spielen lassen und viele unmittelbare sinnliche Erfahrungen ermöglichen.

Achtsames Handeln

Beim achtsamen Handeln ist unser Aufmerksamkeitsfokus auf die Art und Weise gerichtet, wie wir bestimmte Dinge tun. Putzen wir unsere Zähne z. B. schnell und hastig oder machen wir das bewusst und konzentriert. Wickeln wir unser Kind, weil wir es halt müssen oder machen wir es konzentriert und gut. Kochen wir schnell und hastig und weil wir es müssen oder machen wir es konzentriert, aufmerksam und so gut wie möglich. Wenn wir die Dinge ungern und genervt machen, dann machen sie natürlich keine Freude. Wenn wir aber die Handlungen unseres Lebens achtsam und sorgfältig durchführen, ändert sich etwas. Plötzlich bekommt unser Tun eine Würde und einen Sinn. In unseren Handlungen drücken wir uns aus und gestalten unser Leben. Was könnte wichtiger sein?
Immer wieder muss man dabei aufpassen, dass man nicht in die **Bewertungsfalle** rutscht. Sobald man anfängt, etwas zu bewerten, z. B. dass Kochen blöd ist, dass Kinder anstrengend sind oder dass Busfahren „Mist" ist, kommen Gefühle und Meinungen auf, die die Sache dann genauso aussehen lassen. Dann ist Kochen blöd, dann sind Kinder anstrengend und dann ist Busfahren Mist. Gefährlich ist dabei, dass wir unsere eigenen Annahmen und Bewertungen mit der Sache selbst verwechseln. Wir sagen dann nicht: „*Ich finde* Kinder anstrengend", sondern „Kinder *sind* anstrengend". Wir unterscheiden nicht zwischen dem, was wir fühlen, und der Realität.
Dadurch erscheint das eigene Denken absolut und alternativlos und wir vergessen, dass nicht die Dinge so sind, sondern dass wir persönlich sie so sehen und bewerten. Deshalb ist es gut, die Bewertungen wegzulassen, solange man versucht, etwas achtsam zu bewerkstelligen.

Wenn Sie etwas machen müssen, so konzentrieren Sie sich auf diese Sache. Wenn Sie die Treppe hochsteigen, dann Schritt für Schritt, wenn Sie die Wohnung aufräumen, dann Handgriff für Handgriff. Achten Sie darauf, dass Sie das Ziel und den Zweck Ihres Tuns nicht vergessen: die Wohnung aufräumen. Wenn Sie konzentriert vorgehen und eine Sache nach der anderen bewältigen, dann werden Sie gut vorankommen. Gefährlich wird es nur, wenn Sie wieder auf die Einflüsterungen Ihrer Gedanken hören und das jeweilige Tun durch Ihre Bewertungen herabwürdigen und für blöd und überflüssig halten.

! Also: Achten Sie auf Ihre Gedanken, aber glauben Sie nicht alles, was Sie denken!

Achtsamkeit mit Kindern

Vielleicht haben Sie schon gemerkt, dass Achtsamkeit nicht selbstverständlich ist. Üblicherweise funktionieren wir im „Auto-Pilot", also relativ mechanisch und selbstverständlich, ohne viel wahrzunehmen. Der Vorteil davon ist, dass wir nicht ununterbrochen überlegen müssen, was wir als nächstes denken oder machen sollen. Wir wissen es von selbst und automatisch. Der Nachteil ist, dass wir nicht in einem spürenden und wahrnehmenden Kontakt mit uns selbst oder unseren Kindern sind. Es gibt somit Zeiten, in denen es sinnvoll ist, schnell und irgendwie automatisch zu handeln; es macht aber auch Sinn, Zeiten für bewusstes Erleben einzuplanen.

Die „heilige halbe Stunde"

So wie Sie sich vielleicht eine halbe Stunde Zeit für sich selbst gönnen, in der Sie in Kontakt mit Ihrem inneren Erleben kommen, so können Sie auch eine bewusste halbe Stunde mit Ihrem Kind einrichten. Wenn Sie mehrere Kinder haben, wäre es zu überlegen, ob eine solche halbe Stunde jedem Kind – in unterschiedlicher Weise – zugebilligt werden kann. Mit dem einen kann man in der Küche arbeiten, mit dem anderen im Garten oder einkaufen. Möglichkeiten gibt es viele. Ideal wäre es aber, wenn es so etwas wie eine „heilige halbe Stunde“ geben könnte, in der Sie gemeinsam mit Ihrem Kind etwas Ruhe entstehen lassen. Sie müssen dabei gar nicht so viel machen, sondern eher spüren, was das Kind will und braucht. In dieser halben Stunde darf das Kind entscheiden, was es mit Ihnen machen will, und Sie folgen ihm und begleiten es dabei.

Man kann aber auch etwas machen, was das Kind genießt: eine Babymassage, Singen, Vorlesen, ein Bilderbuch anschauen oder einen langsamen Spaziergang, bei dem man auch Zeit für die Schnecken, Käfer, Bagger und Enten hat. Die Kinder werden selbst vermitteln, was sie gerne machen und brauchen. Kleinere Kinder brauchen langsamere Bewegungen und mehr Ruhe, größere lieben aktivere Spiele, Turnen, Kunststücke und Ausflüge in die Natur.
In dieser „heiligen halben Stunde“ sind Sie ganz auf das Kind ausgerichtet. Das Handy ist aus, der Fernseher ist aus, es läuft keine Musik im Hintergrund. Sie machen nicht noch nebenbei Computerarbeiten oder sonstige Arbeiten. *Sie sind ganz da.* Diese Präsenz ist etwas sehr besonderes. Sie

werden merken, dass es sowohl Ihrem Kind als auch Ihnen gut damit gehen wird. Manchmal muss man das aber erst langsam lernen und ausprobieren, weil Zeit, Raum und Muße in unserer Gesellschaft nicht sehr hoch geachtet werden. Da sich unsere Kinder aber glücklicherweise dem Wahnsinn der permanenten Beschleunigung widersetzen, können sie uns sehr dabei helfen, zur Ruhe zu kommen und auf dem Teppich zu bleiben.

Unsere Kinder sind unsere Lehrer

Wenn ein Kind geboren wird, ist es voller Vertrauen, Offenheit und Bereitschaft, sich auf seine Eltern und die Umwelt einzulassen, die es erwartet. Es hat einige klare Bedürfnisse, die es vermittelt, und es hat einen inneren Bauplan, wie es wachsen und sich entwickeln will. Dieser Bauplan ist einerseits dem biologischen Wachstumsplan geschuldet, andererseits hat schon

das kleinste Baby eine individuelle Seele, die sich entfalten will und dafür ein unterstützendes Umfeld braucht.
Wenn Eltern im ganzen Chaos des Lebens immer wieder mal innehalten und sich ihrem Kind bewusst zuwenden, sich Zeit nehmen, um das Kind zu beobachten und seine Signale wahrzunehmen, dann ist davon auszugehen, dass eine tragfähige Beziehung zwischen den Eltern und dem Kind entstehen wird. Diese Beziehung bleibt nie gleich. Je nach Entwicklungsstadium, äußerem Umfeld, eigener Situation usw. wird die Beziehung sich wandeln und neu ausrichten.
Es ist gut, wenn man nie 100 % sicher ist, wie das Kind ist, wie man selbst ist oder wie die richtige Erziehungsstrategie ist. Manchmal ist die Unsicherheit mehr wert als das Wissen. Wer nicht genau weiß, was richtig und was falsch ist, der muss immer wieder in Kontakt gehen, kommunizieren, dem anderen Raum geben, zuhören und offen für die Signale des Kindes sein. Darum geht es ein Leben lang. Immer wieder neu hinschauen und hinhören und sich immer wieder überraschen lassen, von dem, was man erlebt.
Abschließend noch ein Wort des Trostes für all die Eltern, die nicht perfekt sind: Bleiben Sie so! Entscheidend ist nämlich nicht, dass alles immer glatt läuft oder dass es keine Probleme geben darf. Schwierigkeiten gehören zu jedem Leben, auch zu dem Leben eines Kindes. Sie fördern die Fähigkeit, mit der Realität zurechtzukommen. Wir Eltern sollten es so gut machen, wie wir können, aber uns nicht dauernd unter Druck setzen.

! Es ist ausreichend, wenn wir ausreichend gute Eltern sind. Alles andere liegt nicht in unserer Hand.

Unsere Buchfiguren verabschieden sich nun von Ihnen. Im Moment geht es allen ganz gut. Durch ihre Kinder haben sie unglaublich viel über sich selbst erfahren. Alle haben auf ihre eigene Art und Weise einen Weg für sich und ihre Kinder gefunden. Das sei auch Ihnen, lieber Leser, herzlich gewünscht. Alles Gute!

Anhang

Welche Unterstützungsmöglichkeiten gibt es?

Jugendämter

Es gibt circa 600 Jugendämter in Deutschland, die organisatorisch an die Kommunalverwaltung der Stadt oder des Kreises angebunden sind. Alle Jugendämter arbeiten etwas unterschiedlich, da sie sich an den Gegebenheiten und dem Bedarf in ihrer jeweiligen Region orientieren sollten. Die Behörde wird an unterschiedlichen Orten verschieden genannt, z. B. „Fachbereich Jugend“ oder „Fachbereich Familie“, immer aber ist es ihre Aufgabe, Familien zu unterstützen und Kinder zu schützen, wenn deren Wohl gefährdet ist.
Kinder haben ein Recht darauf, geborgen und gesund aufzuwachsen. Die Jugendämter unterstützen Familien dort, wo Eltern und Erziehungsberechtigte bei der Erziehung und Betreuung sowie der Förderung der Bildung an Grenzen kommen. Dabei setzen sie auf vorbeugende, familienunterstützende Angebote, die dazu beitragen können, positive Lebensbedingungen für eine Familie zu schaffen.
Die Mitarbeiter des Jugendamtes sind darum bemüht, individuelle Hilfen gemeinsam mit den Betroffenen zu finden. Sie kennen meist die Strukturen am Ort, kennen die individuellen Lebensgeschichten der Familienangehörigen und können somit oft zuhause in den Familien und am Wohnort helfen. Die Mitarbeiterinnen und Mitarbeiter des Jugendamts gehen allen Hinweisen nach, wenn ein Kind in Gefahr sein könnte. Sie suchen den Kontakt zu der betroffenen Familie, um gemeinsam mit ihr Lösungsmöglichkeiten zu entwickeln. Dabei arbeiten sie eng mit anderen Institutionen zusammen, zum Beispiel mit Kindertagesstätten, Schulen, Ärzten und der Polizei. Im Mittelpunkt steht die Frage: Was muss sich ändern, damit das Wohl des Kindes oder des Jugendlichen wieder geschützt ist? In der Regel können gemeinsam Hilfen gefunden werden, die die Familie unterstützen und helfen, Gefährdungen zu vermeiden. Im äußersten Fall muss das Jugendamt Kinder in Obhut nehmen,

für eine kurze Zeit unterbringen, um ihr Wohlergehen sicherzustellen. Die Kinder kehren in die Familie zurück, wenn in solch einer schwierigen und belastenden Situation die Eltern bereit sind, Hilfe anzunehmen und dadurch das Kindeswohl wieder geschützt ist. Nehmen die Eltern keine Hilfe an oder ist trotz Hilfe das Wohl der Kinder auf Dauer gefährdet, entscheidet das Familiengericht über das Sorgerecht und den Lebensort der Kinder.
Damit die Mitarbeiterinnen und Mitarbeiter auf die vielfältigen Anforderungen angemessen und richtig reagieren, sind sie verpflichtet, sich ständig weiterzubilden. Die Qualität ihrer Arbeit wird von außen überprüft und ständig weiterentwickelt.

Nützliche Webadressen

Es handelt sich um eine Auswahl – vor Ort gibt es meist noch mehr spezifische Angebote.

Schwangerschaftsberatung

http://www.familienplanung.de/beratung/beratungsstellensuche/
http://www.awo-schwanger.de
http://www.profamilia.de
http://www.beratung-caritasnet.de
http://www.diakonie.de

Psychische Erkrankungen in Schwangerschaft und früher Elternschaft

http://www.kbv.de/html/arztsuche.php
www.schatten-und-licht.de/
http://www.muettergenesungswerk.de/welche-klinik.html
http://www.buendnis-depression.de/depression/nach-der-geburt.php

Frühe Hilfen, Bindungsförderung

http://www.familienhandbuch.de/familienbildung/programme/fruhe-hilfen-fur-eltern-das-baby-verstehen
http://www.bmg.bund.de/fileadmin/dateien/Downloads/K/Kindergesundheit/Elternkurs_Starke_Eltern_Starke_Kinder.pdf
http://www.safe-programm.de

Literatur

Altner N. Achtsam mit Kindern leben. Kösel 2009.

Altern N. Achtsamkeit im Kindergarten – Wie das Miteinander gelingt. Beltz 2011.

Anderssen-Reuster A. Achtsamkeit in Psychotherapie und Psychosomatik – Haltung und Methode. Schattauer 2011.

Anderssen-Reuster A., Meibert P., Meck S. Psychotherapie und buddhistisches Geistestraining – Methoden einer achtsamen Bewusstseinskultur. Schattauer 2013.

Anderssen-Reuster U. Achtsamkeit – Das Praxisbuch zur Entwicklung von Gelassenheit und Mitgefühl. TRIAS 2013.

Brisch K-H. Die Anfänge der Eltern-Kind-Bindung – Schwangerschaft, Geburt und Psychotherapie. Klett-Cotta 2008.

Brisch K-H. SAFE – Sichere Ausbildung für Eltern – Sichere Bindung zwischen Eltern und Kind. Klett-Cotta 2011.

Cooper G., Hoffman K., Marvin B., Powell B. The Circle of Security Intervention – Enhancing Attachment in Early Parent-child Relationships. Epub Edition Guilford Press 2014.

Cierpka M., Windaus E. Psychoanalytische Säuglings-Kleinkind-Eltern-Psychotherapie: Konzepte – Leitlinien – Manual. Brandis und Apsel 2007.

Fonagy P., Gergely G., Jurist E. I., Target M. Affektregulierung, Mentalisierung und die Entwicklung des Selbst. Klett-Cotta 2011.

Harms T. Emotionelle Erste Hilfe – Bindungsförderung – Krisenintervention – Eltern-Baby-Therapie. Leutner 2008.

Kabat-Zinn J. Gesund durch Meditation. O. W. Barth 2011.

Ludwig-Körner C. Frühe Hilfen und Frühförderung – Eine Einführung aus psychoanalytischer Sicht. Kohlhammer 2014.

Reddemann L. Psychodynamisch Imaginative Traumatherapie: PITT – Das Manual. Klett-Cotta 2014.

Stern D. Die Lebenserfahrung des Säuglings. Klett-Cotta 2003.

Thich Nhat Hanh. Achtsamkeit mit Kindern. Nymphenburger Verlag 2012.

Sachverzeichnis

Ratgeber bei Schattauer

Katja Gaschler, Anna Buchheim (Hrsg.)

GEHIRN UND GEIST

Kinder brauchen Nähe

Sichere Bindungen aufbauen und erhalten

Dieses Buch ist kein Erziehungsratgeber im üblichen Sinn. Vielmehr präsentiert es wichtige Ergebnisse der Bindungsforschung und leitet daraus ab, wie sich eine vertrauensvolle Beziehung zu Kindern aufbauen lässt. Dabei ist eine sichere Bindung nicht nur entscheidend für eine gelingende Erziehung. Sie fördert auch nachweislich die seelische Gesundheit und den sozialen Erfolg im späteren Leben.

Gehirn & Geist | 2012. 160 Seiten, 27 Abb., kart.
€ 19,99 (D) / € 20,60 (A) | ISBN 978-3-7945-2872-1

Ina Hullmann

Kinderleicht schlafen – die Wolkentraummaschine

Geführte Phantasiereise für Kinder

Gut (ein)schlafende Kinder – entspannte Eltern. Eine Meditation für Kinder ab fünf Jahren und ihre Eltern, konzipiert auf der Grundlage neuester wissenschaftlicher Erkenntnisse der Hirnforschung.

2013. Audio-CD in Jewelbox mit 4-seitigem Booklet, 39 Min. Spielzeit
€ 14,99 (D/A) | ISBN 978-3-7945-5197-2

Martin Bohus, Martina Wolf-Arehult

Achtsamkeit

Schritte zu seelischer Gesundheit

Achtsamkeitsübungen zeigen nachweislich vielfältige positive Wirkungen: Sie senken körperlichen und seelischen Stress, bringen die eigenen Gefühle und Gedanken ins Lot und können helfen, den Alltag gelassener zu meistern. Diese Doppel-CD bietet einen effektiven Zugang zur Achtsamkeit mit zahlreichen Übungen und Anleitungen sowie Meditationstexte verschiedener Längen.

2011. 2 Audio-CDs in Brilliantbox mit 16-seitigem Booklet. 71 Min. Spielzeit
€ 19,99 (D/A) | ISBN 978-3-7945-5185-9

Irrtum und Preisänderungen vorbehalten

Schattauer www.schattauer.de

UNTERHALTSAM
+ ANSPRUCHSVOLL

Wissen & Leben
Herausgegeben von Wulf Bertram

Josef Eduard Kirchner

Kinder, Kinder ...!

Nicht unsere Kinder sind verrückt, sondern die Welt, in der sie leben

Die Entwicklung der Persönlichkeit von der Geburt bis zum Eintritt in das Erwachsenenalter: Dr. Kirchner zeigt, was Kinder brauchen, wie Erziehung gelingen kann und was passiert, wenn Eltern ihre Erwartungen zu hoch schrauben.

2014. 288 Seiten, kart.
€ 19,99 (D)/€ 20,60 (A) | ISBN 978-3-7945-3064-9

Reinhart Lempp

Generation 2.0 und die Kinder von morgen

aus der Sicht eines Kinder- und Jugendpsychiaters

Reinhart Lempp, ein Pionier der Kinder- und Jugendpsychiatrie, resümiert die umwälzenden technischen und soziologischen Veränderungen und leitet Prognosen und Desiderate für die Erziehung unserer Kinder und Enkel ab.

2012. 190 Seiten, 11 Abb., kart.
€ 18,99 (D)/€ 19,60 (A) | ISBN 978-3-7945-2877-6

2. AUFLAGE

Alois Burkhard, Juliane Stern

Zum Download: Audio-Dateien

Achtsamkeit – Entscheidung für einen neuen Weg

In der 2. Auflage des erfolgreichen Buchs werden insbesondere Aspekte der wohlwollenden Selbstfürsorge mit einbezogen, denn die Entscheidung für einen neuen Weg setzt auch einen empathischen Umgang mit sich selbst voraus.

In einer Bearbeitung von Juliane Stern | Geleitwort von Martin Bohus
2., überarb. Aufl. 2015. 232 Seiten, kart., inkl. Audio-Dateien zum Download
€ 19,99 (D)/€ 20,60 (A) | ISBN 978-3-7945-3119-6

Irrtum und Preisänderungen vorbehalten

Schattauer

www.schattauer.de